RESPONSABILIDAD AFECTIVA Y DÓNDE ENCONTRARLA

Guía para Mujeres sobre Cómo Encontrar
Amor Responsable, del que Vale la Pena

RAYMOND S. GOODMAN

© **Copyright 2024 – Raymond S. Goodman - Todos los derechos reservados.**

Este documento está orientado a proporcionar información exacta y confiable con respecto al tema tratado. La publicación se vende con la idea de que el editor no tiene la obligación de prestar servicios oficialmente autorizados o de otro modo calificados. Si es necesario un consejo legal o profesional, se debe consultar con un individuo practicado en la profesión.

- Tomado de una Declaración de Principios que fue aceptada y aprobada por unanimidad por un Comité del Colegio de Abogados de Estados Unidos y un Comité de Editores y Asociaciones.

De ninguna manera es legal reproducir, duplicar o transmitir cualquier parte de este documento en forma electrónica o impresa.

La grabación de esta publicación está estrictamente prohibida y no se permite el almacenamiento de este documento a menos que cuente con el permiso por escrito del editor. Todos los derechos reservados.

La información provista en este documento es considerada veraz y coherente, en el sentido de que cualquier responsabilidad, en términos de falta de atención o de otro tipo, por el uso o abuso de cualquier política, proceso o dirección contenida en el mismo, es responsabilidad absoluta y exclusiva del lector receptor. Bajo ninguna circunstancia se responsabilizará legalmente al editor por cualquier reparación, daño o pérdida monetaria como consecuencia de la información contenida en este documento, ya sea directa o indirectamente.

Los autores respectivos poseen todos los derechos de autor que no pertenecen al editor.

La información contenida en este documento se ofrece únicamente con fines informativos, y es universal como tal. La presentación de la información se realiza sin contrato y sin ningún tipo de garantía endosada.

El uso de marcas comerciales en este documento carece de consentimiento, y la publicación de la marca comercial no tiene ni el permiso ni el respaldo del propietario de la misma.

Todas las marcas comerciales dentro de este libro se usan solo para fines de aclaración y pertenecen a sus propietarios, quienes no están relacionados con este documento.

Índice

Introducción — vii

1. Preparando El Escenario: Preparándose Para Una Relación — 1
2. Dónde Encontrar Un Posible Novio — 7
3. No Te Preocupes Por Lo Que Piensan De Ti — 21
4. Responsabilidad Afectiva — 39
5. ¿Qué Es La Inseguridad En Una Relación? Y La Proyección En Tu Pareja — 45
6. Una Mentalidad Fuerte — 57
7. ¿Cómo Conseguir Que Un Hombre Te Invite A Salir? — 63
8. ¿Cómo Ser La Cita Perfecta? — 67
9. Señales De Que Vale La Pena Dedicarle Tiempo — 73
10. ¿Por Qué Tu Forma De Pensar Tiene Mucho Que Ver Con Tu Éxito En El Amor? — 79
11. Lo Que Los Hombres Desearían Que Supieras Sobre Los Perfiles De Citas Online — 93
12. Las Ventajas De Las Relaciones A Larga Distancia — 105
13. Lidiar Con El Rechazo En Las Citas Y Las Relaciones — 117
14. Autoestima Y La Conversación Propia — 133
15. Aprende A Comunicar Tus Sentimientos Desde El Amor — 153

Conclusión — 163

Introducción

Quiero agradecerle y felicitarlo por atreverte a leer este gran libro, que espero te ayude en lo que necesites.

¿Sientes que tu vida está un poco vacía? ¿Sigues sintiendo que necesitas que alguien te llame con frecuencia y averigüe cómo estuvo tu día? Alguien que también pueda pasar parte de su tiempo libre contigo los fines de semana y sentirse cómodo para ser tu acompañante cuando te inviten a fiestas y bodas. Bueno, eso suena como si estuvieras buscando un novio.

El desafío de conseguir novio hoy en día es que un buen número de hombres sólo están dispuestos a pasar un buen rato. Temen comprometerse, lo que hace que la búsqueda de novio sea una tarea muy difícil para cualquier hombre.

Sin embargo, este libro abordará este desafío; este libro te proporcionará un manual de citas que te ayudará a conseguir un novio que valga la pena.

Introducción

En este libro, aprenderás a cómo prepararte para una nueva relación, los lugares adecuados para conocer buenos hombres y cómo saber si un chico vale la pena, entre otras cosas.

Gracias de nuevo por animarte a leer este libro, ¡espero que lo disfrutes!

1

Preparando El Escenario: Preparándose Para Una Relación

Para conseguir un novio que valga la pena, primero debes prepararte para una relación. No hay nada tan malo como conocer a un hombre ideal pero no estás preparada para ello. Además, muchas mujeres hoy en día también acaban sin poder conseguir novio porque se saltan este primer paso tan importante. Encontrar el amor básicamente comienza cuando te encuentras a ti mismo. Primero necesitas conocerte a ti mismo antes de invitar a alguien más a conocerte.

En este capítulo, aprenderás cómo conocerte mejor a ti mismo, cómo cambiar tu forma de pensar hacia una relación y cómo saber lo que quieres en un hombre. Comencemos con el primer paso de preparación para una relación.

Paso 1: cuídate

. . .

El primer paso para prepararte para una relación es cuidarte a ti mismo. Para tener una relación sana, ambos deben estar sanos. ¿Te consideras saludable? Para responder a esa pregunta, debes plantearte las siguientes preguntas:

¿Estoy durmiendo lo suficiente?

¿Paso tiempo con mis amigos y seres queridos regularmente?

¿Estoy comiendo bien?

¿Me tomo tiempo para arreglarme?

Estas preguntas te ayudarán a determinar si llevas una vida saludable o no. Si te fijas, las preguntas no se centran sólo en la salud física. También se centran en la salud de tu relación con tus seres queridos. Tu salud interior y exterior normalmente afecta tu relación y es por eso que debes mantenerla bajo control. Por ejemplo, si no duermes lo suficiente, puedes tener un día frustrante porque te faltará atención y concentración. Es probable que esa frustración también se extienda a tu relación.

En este paso, debes comenzar a concentrarte en mejorarte a ti mismo. Por ejemplo, deberías empezar a descansar lo suficiente durmiendo 8 horas al día. Eso te ayuda a ser fresco y más productivo en lo que haces. Cuando se trata de comer, debes concentrarte en alimentos que te ayuden a mejorar tu salud. En cuanto al tema del aseo, no hace falta decir que, como mujer, debes estar bien arreglada. Tómate el tiempo diario para peinarte el cabello y trabajar tu rostro.

Cuando te cuidas no sólo te sientes saludable pero también te sientes bien contigo mismo, lo que te hace confiado y más feliz. Esto te hace aún más atractivo.

Paso 2: ámate a ti mismo primero

Hay un dicho famoso que dice que primero debes amarte a ti mismo antes de poder amar a otras personas. Suena a cliché pero es cierto. El siguiente paso es amarte a ti mismo. ¿Cómo se supone que debes hacer eso? A continuación se muestran formas de hacerlo;

Aprecia tu rareza: ¿Te parecen agradables las películas de terror? ¿O te gusta demasiado bromear hasta el punto de que la gente no puede saber si hablas en serio o no? Una forma de amarte a ti mismo es aceptando tus rarezas como las mencionadas anteriormente, porque son las que te hacen. Apreciar tu singularidad y, a veces, tu rareza te ayuda a no sentirte avergonzado cuando tu posible amante los nota.

Celebra tus fortalezas: todos en este mundo tienen algo que es bueno. Puede ser cocinar, resolver ecuaciones difíciles o cantar. Debes descubrir en qué eres bueno y utilizarlo para alimentar tu confianza. Mantén esa confianza y ámate a ti mismo por tenerla.

Aprecia tu apariencia: Todos los días por la mañana, reserva un tiempo para mirarte en el espejo y apreciar tu apariencia. Ama tu rostro, tu figura, tu cabello, el color de tus ojos, etc. Obviamente, no te enamorarás de todas las partes de tu cuerpo, pero lo que debes hacer es reconocer las características menos impresionantes de tu cuerpo y aprender a sentirte cómodo con ellas. Si tu nariz es demasiado grande, puedes decirte a ti mismo: "Sé que mi nariz es demasiado grande, pero lo aprecio porque garantiza que mi respiración sea eficaz". A quien te ame le habrá encantado tu apariencia, pero debes verlo también para no empezar a tener inseguridades una vez que estés en una relación.

Persigue tu pasión: empieza a hacer lo que te haga feliz. Si se trata de nadar, comience a nadar cuando esté libre. Si te encanta el senderismo, busca grupos que hagan senderismo y empieza a caminar con ellos. Hacer lo que amas normalmente te ilumina y te da un brillo que te hace muy atractivo.

Amarte a ti mismo te hace sentir feliz y sorprendente y eso hace que te resulte más fácil señalar lo maravilloso que eres a los hombres porque realmente lo crees tú mismo.

Paso 3: cambia tu forma de pensar

. . .

Antes de poder buscar el amor, debes cambiar tu forma de pensar y deshacerte de esas cosas que antes te impedían encontrar el amor. Una de esas cosas son sus expectativas. La mayoría de nosotros, cuando buscamos una pareja a largo plazo, normalmente lo hacemos con un conjunto predeterminado de expectativas poco realistas, como cómo debe verse la persona, los roles que debe desempeñar cada socio y cómo debes comportarte.

Lo que hacen esas expectativas es que hacen que casi todos los hombres con los que te cruzas te causen decepción y creas que son inadecuados. Lo que tienes que hacer es cambiar tu forma de pensar y empezar a examinar a los chicos según lo que sientes por ellos en lugar de cómo encajan en tu conjunto de expectativas. Obviamente existen expectativas realistas como que quieres que el chico sea fiel, cariñoso y afectuoso; No me refiero a esas expectativas. Las expectativas a las que me refiero son las de querer un hombre alto, guapo, inmensamente rico, que te mime, que te invite a citas, que te trate como a una reina, etc. La verdad es que todas tenemos defectos y es necesario estar dispuesto a aceptar a un hombre que sea bueno pero no perfecto.

Paso 4: saber lo que quieres

El objetivo de encontrar al hombre adecuado normalmente requiere que tengas una hoja de ruta. Necesitas saber cuál debería ser el hombre de tus sueños en términos de cualidades y estándares para conseguirlo.

Entonces, después de cambiar tu forma de pensar, ahora necesitas descubrir qué tipo de hombre quieres.

Para hacer eso, necesitas pensar en las cosas que más valoras y quieres que tu nuevo novio posea. Haz una lista de estas cosas y luego revisa la lista marcando lo que puedes comprometer y lo que no. Por ejemplo, es posible que desees un hombre cristiano que sea cariñoso, que la respete y que sea alto, moreno y guapo. En esa lista, puedes decidir comprometerte con él por ser alto y moreno pero no ser un cristiano respetuoso y afectuoso. Al final de la lista tendrás una idea clara de lo que realmente quieres en un hombre.

Seguir los pasos anteriores lo preparará completamente para una relación. Ahora que estás preparada, el siguiente paso será descubrir cuáles son los mejores lugares para buscar novio.

2

Dónde Encontrar Un Posible Novio

Ahora que te has entendido a ti misma y sabes qué quieres en un hombre, tu próximo paso es aprender los mejores lugares para encontrar un novio que valga la pena.

¿Cuántas veces has oído hablar de la frase "hay muchos peces en el mar"? Apuesto a que has escuchado esta frase muchas veces y es que es verdad. Hay muchos hombres decentes en nuestra sociedad y la única razón por la que no nos damos cuenta de esto es porque los buscamos en los lugares equivocados. Uno de los lugares comunes donde buscamos hombres son los clubes, que sólo funcionan para encuentros de borrachos y por eso parece que nunca se consigue una relación honesta desde allí. No digo que no puedas conseguir un buen hombre en el club, lo único que digo es que es más probable que consigas a alguien que no sea serio.

. . .

Entonces, ¿dónde deberías ir para conocer a un buen hombre digno de ser tu novio? A continuación se muestra una lista de lugares probados donde puedes conocer hombres que probablemente sean material de novio.

Clases de superación personal

Casi todas las comunidades locales tienen un colegio comunitario u organización que ofrece cursos de superación personal para adultos. Los hombres asisten en gran número a este tipo de clases, especialmente las clases orientadas a hombres, como clases de artes marciales o clases de ejercicios. Estas clases de superación personal son uno de los mejores lugares donde puedes conocer a tu próximo novio potencial.

Pero, ¿por qué se considera que los hombres de estas clases son ideales? Piénselo, los hombres que asisten a estas clases buscan superarse en diferentes áreas de sus vidas. Son emprendedores que trabajan duro para ser mejores. Esas son excelentes características que cualquier hombre debe tener. Algunos de estos cursos también pueden mostrarle el carácter de los hombres. Por ejemplo, los hombres que toman clases de cocina se consideran románticos y los hombres que toman clases de idiomas son vistos como hombres a quienes les encanta viajar y el idioma extranjero es muy atractivo.

. . .

Sin embargo, no debes hacer algo que odies para conocer a un buen hombre. Lo que debes hacer es buscar una clase de superación personal que te interese y luego inscribirte. Por ejemplo, si te encanta cocinar, asiste a una clase de cocina y es posible que termines siendo pareja del amor de tu vida.

Una firma de libros

Si te gustan los hombres de alta calidad y cultura, deberías considerar asistir a una firma de libros. Asiste a una firma de libros de un autor que te interese y sabes que la mayoría de los hombres también están interesados. Evita buscar un libro que sea demasiado femenino porque es posible que los hombres no aparezcan.

Una vez que estés allí, mira a tu alrededor, ve qué hombre te atrae, luego continúa y entabla una conversación con él.

Puedes hacerle una pregunta sobre el autor del libro o sobre el libro en sí mientras intentas construir un autor.

Seminarios de marketing y negocios

Muchos hombres asisten a seminarios de crecimiento personal.

Esto se debe a que a los hombres les encantan los seminarios motivacionales, inmobiliarios y de oportunidades comerciales y es por eso que siempre debes estar atento a estos seminarios. La mayoría de estos seminarios suelen anunciarse en la televisión, los periódicos y en la radio.

Los hombres que asisten a estos seminarios suelen ser hombres ambiciosos que quieren tener éxito en la vida. Ese tipo de hombres son muy responsables y esa es una de las cualidades que tú como mujer debes buscar en un hombre.

Si eres una mujer con clase y te gustan los hombres que puedan cuidarte y mimarte con cosas elegantes, entonces los seminarios son el lugar adecuado para ti. Todo lo que tienes que hacer para conseguir a estos hombres es aparecer luciendo impresionante. También necesitarás conocer a tantos hombres como sea posible durante los descansos.

Únete a un grupo

Casi todas las ciudades tienen un par de grupos en los que participan los miembros de la comunidad. Algunos de los grupos comunes incluyen clubes de lectura, clubes de juego, clubes de voluntariado, grupos de caridad y grupos religiosos. Es probable que encuentres grandes hombres que serían grandes novios en estos grupos.

. . .

Lo bueno de buscar novio en un grupo social es el hecho de que habrás conocido a un hombre que comparte un interés común contigo. Por ejemplo, si eres una persona temerosa de Dios, puedes conseguir un hombre temeroso de Dios en un grupo de la iglesia.

Citas a ciegas

La cita a ciegas es otra actividad en la que puedes participar para encontrar un buen hombre. Sé lo que estás pensando, una cita a ciegas es peligrosa y no para ti. Bueno, es cierto, puede ser peligroso pero no tiene por qué serlo.

Puedes tomar la opción de programar una cita a ciegas con tus amigos. De esa manera no será peligroso porque tus amigos te pondrán en contacto con personas que conocen.

La ventaja de este tipo de cita a ciegas es que tus amigos te conocen por dentro y por fuera, por lo que suele haber una alta posibilidad de que te conecten con una persona que sea compatible contigo. Por ejemplo, si te gustan las actividades al aire libre, pueden ponerte en contacto con tus amigos a quienes también les encantan las actividades al aire libre.

A través de un sitio de citas en línea

. . .

El otro lugar donde puedes conocer buenos hombres es en los sitios de citas online. Puedes registrarte y tener un perfil que describa lo que te gusta y el tipo de hombre que deseas.

Una ventaja de las citas online es que tienes una variedad de hombres a tu disposición. Puedes consultar sus perfiles y ver si son compatibles contigo antes de contactarlos o aceptar tener una cita con ellos. Hay muchos sitios web de citas a los que puedes acceder en línea.

Dicho esto, debes tener mucho cuidado al salir con hombres en línea porque algunos hombres no son quienes dicen ser. Por lo tanto, tómate tu tiempo para conocer a esos hombres y reúnete siempre en un lugar abierto durante algún tiempo antes de que puedas confiar en ellos lo suficiente como para invitarlos a tu casa.

Habiendo sabido dónde puedes conseguir un gran hombre, ¿cómo consigues que un gran hombre te invite a salir?

Averigüemos en el próximo capítulo.

Tal vez literalmente creciste al lado de este chico, fuiste a la escuela secundaria con él o es un viejo amigo de la familia.

. . .

Tal vez ahora sea un vecino o el tipo que ha sido amigo durante mucho tiempo y de repente parece que podría ser más. Sin embargo, usted lo conoce, es muy familiar y se siente cómodo con él. Han pasado suficiente tiempo juntos, se conocen bien y él es alguien a quien puedes decirle cualquier cosa. Lo bueno de este tipo de relación es que las partes incómodas ya quedaron en el pasado. Es difícil avergonzarse con un chico que ya te ha visto a primera hora de la mañana o escuchar tus divagaciones de borracho. La desventaja es que puede ser increíblemente difícil dar la vuelta a la esquina y transformar una relación platónica en una romántica. Es fácil sentir que hay demasiado en juego y que la amistad podría arruinarse si las cosas van mal. ¡No negaremos que esta es una posibilidad! A veces, los enredos románticos arruinan las amistades. No hay garantías en el amor. ¡La otra cara de esta moneda es que tampoco hay certeza de que tu amistad no sobreviva a una relación fallida! Muchas personas encuentran una manera de proteger sus relaciones platónicas mediante rupturas. Aún más importante, es posible que no rompáis en absoluto.

Estar con alguien que realmente conoces y que realmente te conoce es una excelente manera de comenzar un amor duradero.

Quién es él

. . .

Obviamente es alguien a quien conoces muy bien, pero para que sea algo más que un gran amigo, también debe tener otras características. Necesita estar en un lugar de su vida en el que esté preparado para un romance real. Es fácil caer en la trampa de creer que una comprensión profunda y una asociación prolongada son suficientes para que una relación funcione, pero eso simplemente no es cierto. Necesita comprender que las relaciones requieren trabajo. Además de eso, tiene que haber una chispa. A veces la familiaridad puede minar todo el fuego de una pareja, y si ustedes dos ya están en esa etapa antes de que el romance haya comenzado, no tienen ninguna posibilidad. Aún más importante, si no hay fluidez en sus interacciones pero todavía están contemplando una relación, eso es una señal de que uno o ambos simplemente están buscando a alguien, no necesariamente el uno al otro. Ésa es la receta para una experiencia aburrida, corta y, en última instancia, insatisfactoria. Si él es el chico de al lado para ti, habrá electricidad cuando se vean. Sólo oírlo reírse de tus chistes te mantendrá sonriendo durante días. Asegúrate de que eso esté ahí porque mereces una relación que aporte todo: comodidad y emoción.

Lo que estás buscando

Si él está experimentando los mismos sentimientos que tú, está buscando a alguien que lo conozca hasta el fondo, con defectos y todo. Antes de pasar al siguiente nivel, asegurate de que esos aspectos sean realmente cosas que puedas solucionar con, incluso disfrutar.

El mayor peligro con este tipo de chicos es que ya han desarrollado tanto afecto el uno por el otro que se convencen de que los defectos que de otro modo serían decisivos no se aplican aquí. ¡Para! Absolutamente lo hacen. Y si tiene características que sabe que él no puede, o preferiría no manejar, ahorrales a ambos el problema y el dolor de una mala ruptura. Este tipo de persona busca consuelo.

Quiere algo que no dé miedo ni sea impredecible. Este es uno de los tipos de chicos más fáciles con los que salir porque sabrás instintivamente si es lo correcto. Si ambos han estado en la vida del otro durante mucho tiempo y ahora ambos están experimentando la chispa de un nuevo romance cuando están juntos, ya tienen todo lo que él está buscando.

Cómo conectarte con él

Lo más importante que debes hacer al iniciar un romance en esta área es ser más abierto y honesto que nunca antes.

Debes tener absolutamente claro lo que quieres y animarlo a hacer lo mismo. La franqueza puede ser difícil porque todo esto es nuevo para ambos, pero es absolutamente necesario.

. . .

Si no te preocupas de ser absolutamente directo cuando expresas cómo te sientes y lo que quieres de la relación, te encontrarás en una zona gris que es a la vez incómoda y destructiva. No sentirás que realmente puedes ser tú misma con él y, como él te conoce tan bien, definitivamente lo notará. ¡Esto abrirá una brecha entre ustedes y terminará arruinando la amistad sin siquiera tener la oportunidad de tener un romance! Anímalo a ser igual de franco y directo contigo. Una vez más, él te conoce. Él sabrá que no estás jugando con él ni bromeando y lo apreciará. Sólo recuerda honestidad, honestidad, honestidad.

Expectativas e intenciones

¿Cómo puedes lograr que los hombres se fijen en ti?

No es tan complicado, de verdad. Somos muy fáciles de complacer. Aquí están algunas cosas de las que puedes tomar nota. No es necesario que seas obvio o descarado, solo danos una pequeña señal de que si estamos interesados, no nos delatara.

Muestra interés

Quien haya establecido la regla de que un hombre debería invitar a una cita a una mujer no estaba jugando limpio.

Esto significa que nuestro riesgo de ser rechazados es mayor, lo que no ayuda en absoluto a nuestra autoestima. Es bueno que los tiempos hayan cambiado y algunas mujeres hayan empezado a tomar la iniciativa. Nos ha quitado un peso de encima.

Pero para las mujeres que no pueden invitar a un hombre que les gusta a tener una cita, todavía hay muchas formas de captar nuestra atención. Un poco de aliento de tu parte será de gran ayuda. Si ves un hombre que te gusta y te interesa salir con él, prueba lo siguiente:

Sonríe cuando lo pilles mirándote

Una sonrisa hace que una mujer sea bella e interesante.

Algunas mujeres piensan que actuar con frialdad nos intriga. Bueno, tal vez haya hombres que disfruten el desafío. Pero personalmente, y creo que hablo por la mayoría de los hombres, preferimos a alguien que nos haga anticipar cosas buenas. Una sonrisa abierta y genuina dirigida a nosotros puede tener ese efecto.

No todos los hombres son material de estrella de cine.

. . .

Muchos de nosotros somos rudos. al límite y hemos sufrido rechazos vergonzosos cuando les pedíamos una cita a mujeres que nos gustaban. Intentamos evitar esas situaciones tanto como sea posible. Si te atrae alguien y quieres que te invite a salir, díselo de manera sutil. Una mujer accesible y amigable anima a un hombre a echar un segundo vistazo. Si la atracción es mutua, te sentirás lo suficientemente cómoda como para dar el siguiente paso. No temerás tanto el rechazo y se arriesgará.

Descubre lo que le gusta

A un hombre le gusta una mujer que se dedica a las mismas actividades que él ama. Lo similar atrae a lo similar.

Normalmente salgo con mujeres que están en mi círculo.

Me facilita iniciar una conversación y crear un sentimiento de camaradería. ¿Quieres que un hombre se de cuenta de tu existencia? Descubre lo que le gusta y participa. Hazle sentir tu presencia. Aunque no muy a menudo. No nos gusta que nos acosen y no quieres ser una groupie.

Míralo a los ojos cuando le hables

. . .

Al igual que una sonrisa, me encantan las mujeres que me miran a los ojos cuando hablamos. Me hace sentir como si ella estuviera escuchando, y eso es un gran problema. Es halagador para un hombre. Nos hace sentir especiales. Creo que ya sabes que nos encanta llamar la atención. Somos inseguros de esa manera. Probablemente proviene de todos esos rechazos del pasado.

Sí, la apariencia cuenta

Las primeras impresiones son poderosas. ¿Conoces esa escena en la que un hombre pasa y se detiene o se vuelve para mirar por segunda vez? ¿No quieres saber qué hizo que eso sucediera? Sí, una mujer es más que belleza, pero eso contará cuando ya nos estemos conociendo. Cuando aún no te conocemos, tu apariencia y cómo te proyectas importa… y mucho. Si asustas a los hombres desde el principio, ¿cómo podrás convencerlos de ver qué más tienes para ofrecer?

Un cabello limpio, brillante y prolijo, unas uñas cuidadas o recortadas, un ligero aroma, una sonrisa fácil, un brillo feliz en el rostro: todo esto hace que una mujer sea atractiva para nosotros. Juega con nuestros sentidos y captarás nuestra atención. Somos fáciles de esa manera.

Algunos hombres son conservadores, a otros les gustan las

mujeres sexys; todo se reduce a descubrir qué le gusta al hombre Y encontrar al hombre al que le gustas por tu estilo.

Cambiar tu propia personalidad para complacer a un hombre nunca es una buena idea. Algún día te resentirás con nosotros y bueno, eso simplemente no es justo. Sé atractiva, pero sé tú misma.

3

No Te Preocupes Por Lo Que Piensan De Ti

Preocuparte por lo que otras personas piensen de ti es la paranoia que define a un ser humano. Es una locura colectiva presente en todas las culturas.

Estás preprogramado para querer encajar en el mundo.

Pero eso no significa que debas preocuparte constantemente de cómo te perciben las personas. El miedo no requiere una explicación racional. ¡Hay gente que le teme a las bolas de algodón y al queso!

Evitar la desaprobación social era originalmente necesario para sobrevivir, pero ahora es solo un vestigio de molestia que nos impide ir al cine solos por temor a ser juzgados.

. . .

Tu próxima tarea es hacer un inventario de todas las personas y grupos cuya opinión es más importante para ti.

Y junto a cada uno de estos, escribe exactamente por qué te importa su opinión. ¿Qué temes perder si no obtienes su aprobación?

Si su opinión te importa tanto, básicamente están dirigiendo tu vida. Ni siquiera necesitas conocer a esta persona, podría ser una celebridad a la que deseas emular y te encantaría impresionar con tu esfuerzo por ser como ellos.

Estás horrorizado ante la idea de perder su aprobación y harías cualquier cosa para mantenerla.

Puede que digan algo y tú te concentrarás tanto en ese pensamiento que serás incapaz de escuchar tu propia voz.

La voz de tu yo auténtico. Terminas descuidando tu capacidad para desarrollar ese yo auténtico.

Tu yo auténtico sabe quién eres realmente.

. . .

Tu yo auténtico sabe lo que realmente te gusta y lo que no te gusta.

Tu yo auténtico te dirá cuándo las opiniones de los demás son irrelevantes y no deberían influir en tus decisiones.

Sin embargo, debido a que estás tan preocupado por buscar la aprobación de los demás, ignoras todo lo que tu yo auténtico te dice hasta que ya no escuchas esa voz en tu cabeza que siempre estaba tratando de recordarte quién eres en realidad.

Esta voz pierde la motivación para animarte, porque sus ideas no son las que crees que te recompensarán con la aprobación social.

Tu voz te está diciendo que te vayas a un largo viaje a Europa, es lo que siempre has querido hacer. Practica los idiomas, toma hermosas fotografías y disfruta del sol. Pero esa idea sería rechazada por otros. Dirán: "¿Europa? ¡Eso no está bien!". y le dirás a la voz de tu yo auténtico que se calle la maldita boca porque no te dice cómo ser genial.

¿Quieres saber quién es genial?

. . .

Es la persona a la que le importa un demonio lo que otros piensan que es genial y se va porque quiere irse a Europa de todos modos.

Cuando ignoras tu voz auténtica, no estará disponible para ti cuando necesites tomar las principales decisiones emocionales sobre tu vida que finalmente definirán tu carácter. Cuando esa voz es silenciada, inevitablemente te conviertes en el promedio de las opiniones populares que flotan a tu alrededor.

No tienes autenticidad. No tienes voz. No permitas que tu identidad se base en la aprobación de otros o de lo contrario no tendrás ninguna identidad en absoluto.

Es posible que no te des cuenta de hasta qué punto se ha silenciado tu voz interior.

Así que así es como vuelves a poner tu voz auténtica a que controles y límites el poder que tiene sobre tu comportamiento la voz que no es auténtica y que agrada a las personas.

1. Escucha tu voz auténtica

. . .

Responsabilidad Afectiva y Dónde Encontrarla

Lo sabrás cuando la escuches. Pero puede ser necesaria una reflexión seria para darte cuenta de qué opiniones e ideas son realmente tuyas y no solo las ideas que adoptaste para obtener la aceptación de los demás.

Para encontrar realmente esta voz auténtica, reflexiona sobre tus valores.

¿Qué es lo que realmente te importa? ¿Para qué prefieres dedicar tu tiempo a hacer? ¿Con quién te gusta pasar el tiempo? ¿Tus pensamientos y opiniones reflejan esto?

¿Cuánto te importa realmente tu trabajo? ¿De verdad te gusta dedicarle tu valioso tiempo? Te gusta tener novia ¿U, honestamente, te gustaría algo más de tiempo para estar soltero?

¿Cuántas cosas finges que te gustan y que te preocupan?

Puedes tomar algún tiempo contemplar seriamente todas estas preguntas y encontrar las respuestas reales que lo ayuden a encontrar tu identidad auténtica.

Cuanto más falso sea, más incómodo te resultará.
Pero esto es necesario para comprender realmente quién

eres y qué quieres de la vida y, lo más importante, cómo dejar de preocuparte tanto por lo que la gente piensa de ti.

2. Descubre por qué no has sido auténtico

Lo más probable es que esto esté relacionado con cualquier cosa que te dé miedo. Por ejemplo, miedo a perder la aprobación de los demás y miedo a sentirte avergonzado. ¿De qué partes de tu vida estás más avergonzado? ¿Tienes miedo al fracaso y finges tener más éxito de lo que realmente tienes?

Sé honesto contigo mismo.

La otra forma en que puedes mostrar falta de autenticidad es estar demasiado emocionado por los elogios y la aprobación que recibes de los demás. Cada vez que alguien dice que eres genial, guapo, inteligente o divertido, ¿te da un pico de dopamina de emoción y felicidad? Bueno, eso significa que dependes de la aprobación de otras personas para tu buen humor, algo que definitivamente no te va ayudar a ser el chico malo que queremos que seas.

Eso es realmente un desastre. Dependes de otras personas para que te digan que seas feliz, para poder permitirte ser feliz.

Tus emociones siempre están completamente bajo tu control. Esto no siempre es obvio, especialmente para las personas que son adictas a ese comportamiento de búsqueda de aprobación. No necesitas presumir, no necesitas suplicarle a la gente esta aprobación.

3. Elimina estas áreas no auténticas

Puede ser poco realista esperar que elimines todas estas áreas de falta de autenticidad. Pero deberías reflexionar seriamente sobre cuáles sería apropiado conservar y cuáles deberían eliminarse.

¿Qué áreas de tu vida te preocupan más por expresar tu yo auténtico?

Reflexiona sobre esa pregunta y comprométete a dejar que tu voz auténtica tome el control en esas áreas.

A continuación, debes tomar medidas para desarrollar tu yo auténtico y expresarlo en situaciones apropiadas. Básicamente, esto significa ser tú mismo sin miedo.

Es fácil leer un libro con buenos consejos.

Pero, en última instancia, debes actuar por tu propia cuenta y fuerza de voluntad.

Y si todavía te interesa ganarte la aprobación de la gente "genial", piensa en esto. Las personas auténticas y geniales solo se sienten atraídas por otras personas auténticas que pueden expresar honestamente sus propias opiniones y no regurgitar lo que dicen los demás. Pueden ver a través de la inauténtica aprobación de las personas que buscan. Directamente a través de ellos. Y lo que encuentro realmente gracioso es que estas personas inauténticas no tienen idea cuán obvia es en realidad su falta de autenticidad. Dolorosamente obvio.

Entonces, si realmente quieres conectarte con personas auténticas e interesantes, entonces debes convertirte en una persona auténtica y estar dispuesto a expresar honestamente quién eres cuando te preocupes por hacerlo.

También espero que hayas sido lo suficientemente inteligente como para darte cuenta.

Los insultos que te estaba lanzando en este libro eran solo para enseñarte a dejar de preocuparte por lo que otras personas piensan de ti.

. . .

Tú sabes qué hacer ahora, pero depende de ti hacerlo por ti mismo. Con algo de práctica y tiempo, definitivamente harás algunos cambios audaces en tu vida.

Deja de preocuparte por estas 3 cosas para dar rienda suelta a tu auténtico yo.

Es posible que aún no lo creas si no lo haz experimentado tú mismo, pero dentro de ti está la forma más pura de ti mismo. Este yo auténtico es compasivo, creativo y valiente. Eres tú el que vive libre y felizmente. Nacemos sin miedo, pero la sociedad nos arroja tierra y barro. Mucha gente deja que estas capas de suciedad y expectativas sociales se cimenten. Mientras tanto, han olvidado por completo tu potencial real.

Pero cuando comienzas a cincelar esa suciedad, te refinas.

Encuentras la manera de impactar al mundo en lugar de ser sofocado por él.

La sociedad definitivamente necesita esa suciedad.

Necesitamos personas que estén dispuestas a hacer todos los trabajos aburridos de la mente.

Necesitamos que las personas limpien las cosas solo porque se les paga por hacerlo y no porque sea lo correcto.

Y si realmente amas tu trabajo aburrido y amas ser el hombre bueno y nerd, al que siempre le ven la cara, entonces esa es tu elección y estoy feliz de que hayas encontrado tu propósito.

Pero para muchas personas, aceptar la mediocridad no fue su primera opción. Tenían sueños. Querían ir a hacer amigos por todo el mundo. Querían cantar con pasión. E infectar a las personas con su voz feliz y poderosa. De alguna manera, las expectativas de los demás se interpusieron e impidieron su crecimiento.

Tú, personalmente, también necesitas esa suciedad de las expectativas sociales. Si la sociedad no esperaba nada de ti, entonces tal vez no tendrías ninguna motivación para ir a proveer para el mundo. Esto puede ser una simplificación del proceso de maduración y crecimiento. Pero tiene sentido.

Una vez que la programación social te ha enseñado cómo ser aceptado en el grupo y has aprendido todas las reglas, también sabes cuándo está bien romper las reglas.

. . .

Puede que no quieras pararte en una esquina y gritarle a la gente que se quede fuera de tu espacio, pero has visto a otras personas hacerlo, así que ahora sabes que es posible.

Hay 3 problemas principales que confunden a las personas y tienden a causar dependencia de la aprobación social.

Estos problemas son:

- Decisiones sociales
- Personalidad falsa
- Dependencia de los resultados

Por favor, memoriza estos problemas y presta atención a la medida en que haz sido culpable de ellos.

Decisiones sociales

Cuando estás en una situación social. Hablar con la gente debe ser divertido y relajado. No debe haber presión para impresionar a alguien con las palabras o los comportamientos correctos. Ya tienes la capacidad de decir exactamente lo correcto. Lo correcto es lo que quieras que sea. Solo necesitas expresarlo.

. . .

Para muchos hombres, hablar con una mujer atractiva es mucho más complicado de lo que realmente debería ser. A menudo tratan sus primeras palabras como una especie de código que, con suerte, desactivará una bomba. El problema es que están asumiendo que hay una bomba. Pero en realidad, no hay nada de qué preocuparse. Les preocupa si deben felicitarla, hacerle una pregunta, o burlarse de ella.

Agonizan en las líneas exactas que creen que deberían decir.

Preocuparse por decisiones como esta simplemente los cansa.

Y cuando finalmente encuentran el coraje para acercarse a ella, esta preocupación afecta su primera impresión. No necesitas líneas para impresionar a la gente. ¡Las personas más impresionantes son las que expresan naturalmente lo que tienen en mente porque no necesitan líneas!

Puede ser cualquier situación, incluso cómo saluda a tus compañeros de trabajo. Sea lo que sea, algunas personas se preocupan por las decisiones que deben tomar. Esta agonía es innecesaria. Es solo una señal de que te preocupas demasiado por lo que piensan los demás.

. . .

Cuando quieras hablar con alguien, simplemente abre la boca y di lo que salga.

Si tartamudeas a menudo o es algo inarticulado, solo se necesita algo de práctica para hacerlo bien.

Forzar una personalidad falsa

Esto suena mal, pero es posible que ni siquiera te dé cuenta de que lo estás haciendo. Durante las conversaciones con alguien cuya opinión valoras, puedes intentar ser demasiado divertido, atractivo, fresco, ruidoso o feliz.

Estás tratando de controlar la imagen que la gente tiene de ti. Las personas socialmente inteligentes reconocen inmediatamente esta falsedad. Drena tu energía y te encuentras como lo que algunos describirían como esforzarse.

Es posible que reconozcas a las personas que utilizan gestos exagerados y buscan atención constantemente. O tal vez un chico vanidoso que piensa que mostrar su reloj caro hará que las chicas le presten atención.

Tratar de manejar lo que otras personas piensan de ti es imposible e infantil.

Se necesita madurez para deshacerse de esas máscaras que esconden quién eres en realidad. Compartir tu opinión genuina es mucho más atractivo, auténtico y genial que fingir que eres perfecto y feliz todo el tiempo. Forzar una personalidad falsa significa que crees que tu personalidad real no es lo suficientemente buena. Te preocupa que a la gente no le guste tu verdadero yo, así que finges que eres mucho más interesante, positivo o atractivo de lo que realmente eres.

Cuando puedes demostrar que no te preocupa lo que la gente piense de ti, instantáneamente aumenta tu atractivo e inteligencia social en cualquier situación.

Estar atrapado en tu cabeza y preocuparte por cómo las personas a tu alrededor juzgan tu comportamiento solo te limita. Hace que hables demasiado bajo, evites el contacto visual, tartamudees y muestres otras indicaciones de que está permitiendo que el mundo a tu alrededor lo reprima.

Se necesitará algo de práctica, pero cuando te des cuenta de que estás participando en este tipo de comportamiento, recuerda parar inmediatamente.

Algunas personas están solo un poco sofocadas y podrán beneficiarse de esta práctica de inmediato.

Al ser consciente de sí mismo y observar el comportamiento, puedes darte cuenta de hasta qué punto permites que el mundo te limite.

No necesitas estar limitado. ¡Puedes ser libre!

Dependencia de los resultados

Esto significa, obviamente, que dependes de algún resultado de la interacción. Si haz conocido a una persona con la que te gustaría hacer amistad, tu resultado deseado puede ser obtener los detalles de contacto con este nuevo amigo y reunirse en algún momento. Si la interacción no termina así, estarías muy decepcionado.

O quizá eres un hombre que habla con una mujer atractiva y esperas que salga contigo o algo similar. Todo el tiempo que estás hablando con ella, estás constantemente obsesionado con obtener este resultado. Te preocupa que ella no te dé lo que quieres.

Por supuesto que puedes quererlo, pero no lo necesitas.

Algunas personas se preocupan demasiado por obtener su resultado. A algunas personas no les importa lo suficiente.

Si estás constantemente preocupado por no obtener el resultado que deseas en situaciones sociales, entonces tal vez estés demasiado apegado a él.

Ahora recuerda estos 3 problemas y presta atención cuando los cometas. Ahora sabrás que estás consciente. Entonces solo tienes que recordarte a ti mismo detenerte cuánto antes, y luego, cambia tu comportamiento.

Con el tiempo, podrás equilibrar la interacción feliz con las personas y no preocuparte por lo que piensen de ti. Podrás tener largas y agradables conversaciones con nuevos amigos sin necesidad de agradarles y seguirte en las redes sociales.

Podrás relajarte y, como dice el cliché, finalmente ser tú mismo.

Aún habrá ocasiones en las que debas ser consciente de cómo tu comportamiento afecta a otras personas. Pero ahora tendrás el poder de elegir si vale la pena estar tan aterrorizado de perder la aprobación social para compartir tu opinión y ser honesto con el mundo que te rodea.

Siempre que sientas que otras personas de alguna manera te

hacen actuar de manera antinatural o aterradora, puedes recordarlo con las simples palabras "¡No me importa un demonio!"

Es posible que hayas oído hablar del uso de afirmaciones positivas para convencerte de que tienes confianza, habilidad o carisma. Repitiéndote todos los días: "¡Tengo confianza, tengo confianza, tengo confianza!" Te ayudará a desarrollar algunos hábitos de pensamiento positivo, pero si no lo crees, se sentirá falso. Para creerlo, ¡tienes que demostrártelo a ti mismo!

Esto significa que cada vez que sientas la tentación de impresionar a alguien u ocultar tus opiniones y acciones más auténticas, primero recuerda: "¡No me importa un comino!" y luego, ¡Pruebate a ti mismo!

Si vas a una fiesta y crees que necesitas vestirte bien para que la gente se interese en ti, entonces ponte lo más informal que puedas.

Si tienes miedo de admitir tus intereses, demuéstrate a ti mismo contándolo a alguien. Siéntete orgulloso de quién eres y de lo que te gusta. Como ya hemos visto, las personas auténticas son las más atractivas de todos modos.

. . .

Cuando puedas gritar con éxito: "¡No me importa para nada!" y luego demostrártelo a ti mismo, finalmente podrás deshacerte de todos los grilletes que te han estado sujetando y revelar lentamente tu auténtico yo.

Y cuando seas auténtico, la gente buscará tu aprobación y se preocupará por lo que tu piensas. Todo esto te lo digo porque para convertirte en el chico malo que todas las mujeres aman, tienes que aprender a qué te valga lo que los demás piensen de ti, si tú sigues teniendo todos esos clichés y para todas las situaciones, no vas a poder lograr el objetivo.

4

Responsabilidad Afectiva

Existe una diversidad de formas de constituirse y funcionar como pareja, pero todas tienen en común la importancia de la comunicación, como un pilar que sustenta, limita o posibilita el presente y futuro de una relación.

Pero, ¿qué aspecto de la comunicación en pareja habla del compromiso afectivo existente? poner un nombre a la relación; somos pololos/as, novios/as, pareja; definir el tipo de vínculo, por ejemplo si es monógamo, exclusivo; el uso de palabras que aluden al nivel de sentimiento que se tiene por el otro, como decir "me gustas", "te quiero" o "te amo"; y en el caso de una relación abierta, por ejemplo acordar que se puede tener sexo con otras personas, evitando involucrar sentimientos profundos o enamorarse. Todos ellos pueden ser aspectos en una relación que hablan de que existen acuerdos implícitos y explícitos de lo que es permitido y lo que no dentro de la relación.

. . .

Estos también aluden a que cada integrante en la pareja ha aceptado y le hace sentido la definición de ser pareja que han construido; que han llegado a acuerdos y consensos en que ambos/as se sienten valorados/as y respetados/as en sus opiniones de cómo quieren llevar a cabo esa relación.

Ante ello, el aspecto fundamental de la comunicación dentro de la pareja, es la responsabilidad afectiva.

¿Qué es la responsabilidad afectiva? Ser capaces de expresar nuestras necesidades y emociones siendo respetuosos/as de las emociones de el/la otro/a. Tener consciencia de que lo que decimos y hacemos tiene un impacto en los demás y que los vínculos que establecemos con otros implican un cuidado mutuo.

¿Podemos aprender a ser responsables afectivamente? Claro que sí. Esta capacidad relacional tiene que ver con aspectos de nuestra inteligencia emocional y se puede desarrollar en la medida de que tomemos conciencia de la necesidad de generar cambios en nuestra forma de comportarnos con el otro, que posibiliten una mejor comunicación en base a la empatía, asertividad y respeto mutuo. Para ello puedes tener en cuenta aplicar las siguientes estrategias dentro de la comunicación en pareja:

Hablar sobre nuestros sentimientos, necesidades y expectativas sobre la relación.

Responsabilidad Afectiva y Dónde Encontrarla

. . .

Por ejemplo, cuando comenzamos a salir con una persona, es importante ser sincero/a, evitando ocultar información, así la otra persona también podrá decidir sobre el curso que desee que lleve la relación. En este sentido, también es importante dejar claro el tipo de vínculo que se desea tener, así se logrará construir una relación afectiva más equitativa, respetuosa y transparente.

Preocuparnos de cómo expresamos nuestro sentir, tanto en el contenido como en la forma, sobre todo frente a situaciones que nos molestan. El tomarnos un tiempo para pensar que nos generó el enojo, identificar de qué me puedo hacer responsable y de que no, buscar las palabras y el momento adecuado para expresar mi molestia, es mejor alternativa a actuar desde la impulsividad, la victimización o la culpa. Es importante comunicar y al hacerlo ser honestos/as, pero cuidando al otro. Si por ejemplo decidimos poner término a una relación de pareja, sabemos que no podemos evitar quizás el dolor, pero si somos asertivos/as y responsables, esa persona puede recibir e integrar la noticia de una forma más adecuada.

Plantear límites de mutuo acuerdo a través del diálogo, con la intención de respetarse, es decir conversar acerca de lo que está permitido y que no en la relación de pareja.

. . .

Validación recíproca de los sentimientos. Ningún sentimiento está por sobre el del otro.

Es importante que dentro de una pareja ambos puedan sentirse seguros y contenidos al momento de requerir abrir sus sentimientos, a veces sucede que un integrante de la pareja evita hablar sobre cómo se siente porque considera que su pareja ya tiene suficientes problemas, en esos casos siempre será mejor expresar y compartir lo que se está viviendo, no quedarnos en suposiciones. Puede que nos sorprendamos con la disposición de escucha y apoyo.

Comprender que los conflictos son parte de una relación, que surgirán situaciones que pondrán tensión a la pareja y los desafiará a hacer algo al respecto. Lo importante es no huir o evadir, sino dialogar y abordarlos conjuntamente.

Para lograr vínculos sanos y duraderos, es necesario actuar desde una coherencia entre nuestros pensamientos, emociones, palabras y acciones, siendo también receptivos/as frente a las necesidades del otro, intentando llegar a un equilibrio en que ambos/as se sientan contenidos/as y escuchados/as, y finalmente entender que a la base de esta forma de comunicarnos en pareja tiene que existir respeto, empatía y asertividad.

Cinco ejemplos para empezar a utilizar la responsabilidad afectiva en la vida diaria

. . .

A través de algunos consejos puedes poner en práctica la responsabilidad afectiva en tu día a día.

Un grupo de mujeres mexicanas que busca reflexionar, construir y sanar compartió algunos ejemplos, que aquí replicamos, y puedes poner en práctica para desarrollar o potenciar la responsabilidad afectiva.

Recordemos que la responsabilidad afectiva es el consenso, el cuidado y el diálogo de las emociones y los sentimientos que surgen en una relación de cualquier naturaleza.

¿Cómo emplearla?

1. Sé responsable de tus sentimientos, emociones y de la manera en la que los comunicas.

Ejemplo: debes reconocer que los celos que sientes son tuyos y eres tú quien necesita trabajar en ellos.

2. Sé capaz de expresar claramente tus deseos o intensiones.

. . .

Ejemplo: expresa si lo que buscas en este momento con la otra persona es una relación abierta o no.

3. Sé responsable de los vínculos que generas con los demás.

Ejemplo: comenta que aunque sea una relación abierta, te preocupas por sus sentimientos.

4. Sé empático con tu pareja, con sus sentimientos y su manera de ver las cosas.

Ejemplo: puedes decir que aunque no piensas de la misma manera, entiendes lo que dice y siente, y lo tomarás en cuenta.

5. Establece límites de manera clara y respetuosa.

Ejemplo: cuando lo desees puedes expresar que te encanta estar con él o ella, pero que necesitas o quieres pasar tiempo a solas con tus amigos o que lo o la quieres mucho, pero que cuando estás llorando no te gusta que te abracen.

5

¿Qué Es La Inseguridad En Una Relación? Y La Proyección En Tu Pareja

La inseguridad en la relación se centra en pensamientos irrazonables y ansiedades de que no eres lo suficientemente bueno, nunca eres bueno sin una pareja, nunca eres mejor, no eres verdaderamente adorable. El problema, sin embargo, es que todos estos temores son infundados. En primer lugar, ¿por qué alguien más querría tener una relación contigo cuando te sientes tan mal contigo mismo? Y si encuentras a alguien que no se siente así, ¿a qué le tienes miedo? No eres realmente tan difícil de amar, ¿sabes? La inseguridad y el miedo al dolor se encuentran en la forma en que ves el amor y a ti mismo, y esa es la misma forma en que todos los demás ven el amor y ellos mismos. Aquí es donde la gente tiene tantos conceptos erróneos sobre el amor. Piensan que el amor son mariposas, arcoíris y para siempre, lo que ciertamente no es así, pero también creen que lo define una sola persona.

. . .

La inseguridad en las relaciones es un problema multifactorial y puede ocurrir por no ser amado por un padre, descuidado por una madre, expuesto a vergüenza constante, regaños religiosos o cualquiera de una docena de factores. Esta inseguridad existe, aunque no creas que sea verdad. Parte de la inseguridad proviene de sentimientos fuera de lugar de rechazo y traición, y luego posiblemente empujados o alentados por la sociedad para recrear repetidamente ese sentimiento en una nueva relación romántica.

Estás analizando constantemente los motivos, las acciones y el paradero de tu pareja en las redes sociales. Además de eso, a menudo puedes sentirte inseguro si tu pareja se ve feliz con sus amigos y familiares. "Si comienzas a sentirte incómodo cuando tu pareja publica fotos con o sin ti, debes considerar la terapia", lo dice la psicóloga y presentadora de un programa de parejas en la televisión. Si tu pareja tiene un historial de infidelidad, puedes ser especialmente susceptible a detectar sus mentiras a través de las redes sociales. Y, si constantemente revisas las redes sociales de tu pareja, puedes comenzar a dudar de tu relación por completo. Si bien ese puede no ser el caso, siempre debes tener un diálogo con tu pareja sobre la confianza y la honestidad.

Estás constantemente buscando una salida. Si te encuentras pensando en formas de cambiar a tu pareja, es posible que tengas un caso de enamoramiento enfermizo.

. . .

Responsabilidad Afectiva y Dónde Encontrarla

Si tienes un problema con tu pareja, no es solo un conflicto normal. Te sientes desesperado por alejarte de ellos. Si revisas constantemente las redes sociales de tu pareja, es posible que te preguntes si te está engañando.

Estás constantemente mintiéndote a ti mismo. Si realmente no puedes confiar en ti mismo, es posible que estés pasando por un momento difícil. Puedes creer que tu pareja nunca se enterará y no vale la pena luchar para ocultar sus verdaderos sentimientos. Incluso puedes inventar excusas para no "sentir" tus verdaderos sentimientos. Si tienes tendencia a hacer esto, tu relación puede estar en un punto bajo. Si no te sientes auténtico y tienes un problema con tu pareja, encontrarás cualquier excusa. Puede que incluso te saltes la terapia porque no quieres revelar que en realidad no eres feliz en tu relación. Nunca pareces estar satisfecho en tu relación. Si constantemente cuestionas tu relación y te criticas a ti mismo, es posible que estés atrapado en patrones poco saludables. Si luchas con altos niveles de autoestima y sientes que no eres lo suficientemente bueno ni 'suficiente' para tu pareja, es probable que estés luchando con baja autoestima y poca confianza. Desafortunadamente, este es un estado común para muchas personas hoy en día. Puede sentir que no es suficiente para su pareja y esta duda puede afectar gravemente su relación. Si no tienes una buena autoestima, tienes problemas. Seguir adelante y ser honesto con tu pareja.

. . .

Si revisas regularmente las redes sociales de tu pareja, es una clara señal de enamoramiento poco saludable. Hay algunos casos en los que está perfectamente bien buscar en sus redes sociales, pero si te encuentras constantemente espiando, es una señal de que podrías tener un enamoramiento poco saludable.

Si tu pareja constantemente hace una escena, podrías considerar tener el pensamiento, 'Oh, Dios mío, me va a dejar y hacer trampa, se te cruzará por la mente, pero es una gran señal de alerta de que podrías estar proyectando tus experiencias pasadas en tu vida actual. relación. Este tipo de comportamiento puede hacer que dudes de tu relación. Por lo tanto, es bueno tener una conversación con tu pareja sobre tus sentimientos.

Te mantienes en contacto con tus ex. Cuando empiezas a recordar a tu ex, es una clara señal de que puedes tener un enamoramiento enfermizo. "Si todavía le envías mensajes de texto a tu ex o sales con él en tu relación actual, eso es una señal de que estás luchando contra los celos y el apego. Piensa si esto es saludable para tu relación actual. De lo contrario, es posible que debas tomar un paso atrás".

No puedes relajarte con tu pareja.

. . .

Cuando sientes que no puedes ser realmente tú mismo con tu pareja porque no te sientes 100 % seguro y amado, es una señal de que puedes ser adicto al subidón de tu nueva relación como una forma de automedicarse y olvidarse del dolor que está sintiendo por parte de su ex.

Es posible que desees a alguien que tenga más de un sistema de apoyo y alguien que pueda acercarse y calmarlo de una manera que tú pareja actual no puede. Es posible que este no sea un problema para ti y tu pareja, pero es una señal de que necesitas dar un paso atrás y reevaluar las cosas.

Pelean por las pequeñas cosas. Un psicólogo dice que, a veces, sus pequeñas peleas realmente no pueden decirle mucho sobre el estado de tu relación. Sin embargo, si notas que has estado discutiendo más de lo habitual, es posible que debas dar un paso atrás y reevaluar. Trata de concentrarte en las cosas buenas. Hazle preguntas a tu pareja para ver si puedes conectarte en un nivel más profundo. ¿Ambos buscan algún tipo de validación de la relación? ¿O necesitas a alguien que te cuide?

Sientes que has dado por sentado a tu pareja. Pelear por las cosas pequeñas es normal en una relación, pero cuando se convierte en una batalla constante, eso es una señal de que algo anda mal. A veces no son las grandes discusiones las que significan el final de una relación;

. . .

Es la falta de comunicación y cariño después de esos grandes conflictos." Puede ser tentador decir que siempre te equivocas en estas pequeñas peleas, pero es una señal de que necesitas reevaluar tu relación.

Tu relación ha dejado de ser divertida. Si tienes arrebatos o cambios de humor, o hay una falta de espontaneidad y diversión en tu relación, es posible que debas dar un paso atrás, ¿Tu pareja te está haciendo sentir culpable por su infelicidad o es que tu relación tiene que convertirse en un patrón de lucha e infelicidad? Si tu pareja está dispuesta a estar a tu lado en las buenas y en las malas, no deberías tener una ruptura por pequeños desacuerdos en la relación.

TE PROYECTAS EN TU PAREJA

La proyección tiene lugar cuando la pareja tiende a proyectar sus pensamientos, emociones y deseos indeseables en su pareja. También se conoce como un método de protección utilizado por una pareja para abordar sus propios sentimientos negativos o inseguridades de manera subconsciente.

Este comportamiento se realiza en nombre de la protección, la lealtad o la preservación de la relación, pero al final solo perjudica al individuo.

. . .

Responsabilidad Afectiva y Dónde Encontrarla

En un esfuerzo por protegerse a sí mismas, las mujeres en relaciones a largo plazo encontrarán maneras de dejar de lado las realidades de la relación. Dichos mecanismos de afrontamiento podrían incluir distanciarse de la relación negándose a comprometerse, alejándose del individuo, mintiendo o minimizando lo que está pasando. Algunas personas creen que una relación debe ser una rutina diaria o semanal para mantener viva la chispa.

El objetivo es proteger a la pareja de sus propias inseguridades o insuficiencias percibidas. Por ejemplo, algunas personas proyectan su propio sentimiento de indignidad o rechazo en su pareja, pensando que si su pareja los amara más, serían más felices. Por ejemplo, una persona ansiosa podría proyectar su miedo a parecer inauténtico en su pareja, pensando que su pareja debería sentirse de cierta manera para validar sus propios sentimientos. El manipulador, especialmente, hará esto, mientras están en la relación, captarán las cosas que dice la pareja, para tratar de obtener esa validación de ellos y de sus propias inseguridades.

La proyección y el silenciamiento de las emociones negativas es lo que suele hacer una pareja para reprimir sus emociones negativas y hacer que su pareja sea responsable de la emoción. Si siempre estás a la defensiva y esta constante culpa, crítica y cuestionamiento de tu pareja te lleva a sentirte inseguro, entonces tampoco estás enamorado porque estás tratando de controlar a alguien.

. . .

Estás enamorado cuando estás lo suficientemente seguro y cómodo con tu pareja para ser honesto con ellos y ser vulnerable. El problema es que no estás seguro de poder hacer eso porque te cuesta ser vulnerable y honesto contigo mismo.

No compares tu relación con otra o con la anterior. Si estás comparando tu relación con otra, ya estás en desventaja. Tomará tiempo y esfuerzo tener una relación duradera. No te rindas porque te estás esforzando demasiado.

Respétate lo suficiente como para saber que te mereces lo mejor y amándote lo suficiente como para reconocer que tu pareja no puede darte eso. Haz algo por ti mismo y luego regresa con tu pareja cuando estés listo para dar el 100%.

No puedes darles lo que no tienes y si no sientes que tienes lo que necesitas, búscalo, cuídalo y aliméntalo. Sé vulnerable contigo mismo y luego sé vulnerable con tu pareja. Ambos serán mejores por ello.

Existen numerosos estilos de proyección, basados en los objetivos del individuo. Algunas personas pueden arrojar ira conscientemente hacia sus seres queridos o sus padres por ofensas percibidas. Otros expulsan su resentimiento y sus críticas al cuidador anterior. Otros pueden tener un hábito residual de culpa y pueden traerlo inconscientemente a la relación actual.

Responsabilidad Afectiva y Dónde Encontrarla

La mayoría de las personas pueden imponer la protección necesaria contra el dolor proyectado. Sin embargo, para mantener la relación deseada, generalmente se necesita un conjunto de habilidades y ejercicios para deshacerse de las proyecciones negativas anteriores y sus reacciones resultantes.

La proyección implícita, también llamada autoculpa, es causada por sentimientos latentes que se reprimen. Esto puede ser debido a un trauma no resuelto. Estas emociones salen a la superficie a través de la construcción de resistencia interna, por ejemplo, miedo al abandono, ansiedad por dejar la relación o pensamientos sexuales agresivos. La información puede ser reprimida, pero no desaparece por completo. A menudo, conduce a un discurso basado en el miedo, como acusaciones o críticas contra el proyectista.

Un ejemplo es el de una persona en una relación amorosa con alguien que sufre un trastorno de personalidad antisocial (TPA). El individuo vive con un temor subyacente de que su pareja terminará la relación debido a los comportamientos y sentimientos asociados, a pesar de que sabe que la relación es saludable. La pareja, por su parte, vive con el temor de que acabe con la relación por su propia conducta patológica. La persona con ASPD puede acusar a la pareja de ser responsable de todos los malos rasgos del otro, aunque el comportamiento abusivo provenga de un profundo sentimiento de inferioridad.

. . .

La crítica implícita, sin embargo, es inconsciente y proviene de sentimientos de impotencia, inseguridad y baja autoestima.

La proyección explícita es la proyección de las experiencias internas de la vida en la relación actual. Por ejemplo, un hombre que proyecta sus sentimientos por su madre en su esposa está actuando de acuerdo con un objetivo central inconsciente de la proyección. Esto puede explicar por qué las mujeres son mucho más propensas a tener sentimientos de culpa, resentimiento y vergüenza asociados con el abuso sexual infantil, y por qué los sentimientos de culpa y vergüenza por el abuso infantil pueden tener una influencia tan fuerte en la forma en que las personas que han sido víctimas de abuso sexual. maltratados responden a nuevas relaciones. Las mujeres en general son mucho más propensas que los hombres a desarrollar "trastornos mentales relacionados con el abuso doméstico".

Algunas personas pueden hacer algunas suposiciones sobre su pareja a partir de experiencias pasadas que pueden hacer predicciones sobre ellos basadas en la historia de la persona.

Son similares a las proyecciones implícitas. Sin embargo, la proyección explícita es más difícil de mantener en una relación porque la otra persona se sentirá herida y frustrada, especialmente si las proyecciones no son intencionales.

Las personas que han sufrido abusos en sus relaciones pasadas pueden proyectar inconscientemente su propio dolor en sus parejas.

6

Una Mentalidad Fuerte

¿Estás teniendo dificultades para decir "no" a los demás? ¿Sientes que no puedes ofrecer tu opinión real sobre los temas porque puedes crear conflictos? ¿Te falta el coraje para hablar por ti mismo? Si es así, es posible que sufras de baja autoestima y falta de asertividad. No es raro sentirse así, pero si deseas obtener más información sobre cómo expresarte mejor, estás en el lugar correcto.

La asertividad es un estilo de comunicación que permite a sus usuarios hablar y defenderse de manera clara y respetuosa. Permite la expresión segura de sus necesidades y sentimientos sin necesidad de pruebas. Ser asertivo significa expresar sus deseos teniendo en cuenta las opiniones, deseos y sentimientos de los demás.

La asertividad es fundamental para sentirse empoderado en su propia mente, así como en el trabajo y en el hogar, respetando los derechos y opiniones de otras personas. La asertividad no se trata de agradar todo el tiempo, ni de asegurarse de que todos sean felices. Se trata de defender su derecho a ser tratado de manera justa.

La asertividad tiene muchas ventajas. Primero, te permite convertirte en un comunicador más fuerte. Te da confianza y mejora tu autoestima. Además, te ayuda a ganarte el respeto de los demás mientras mejoras tus habilidades para tomar decisiones. Más importante aún, la asertividad sirve como una forma de reducir la amargura que sientes cuando no se satisfacen tus necesidades y deseos.

Además, cuanto más asertivo te vuelvas, mejor podrás afrontar los problemas o conflictos con aplomo y una mente más clara. Te anima a hacer decisiones sin dudar de ti mismo. Tendrás más respeto por ti mismo y, a cambio, te ganarás el respeto de los demás. Los sentimientos de ser ignorados o coaccionados serán reemplazados por sentirse comprendidos y en control de sus decisiones.

Asertividad VS Agresividad

Cuando la gente piensa en asertividad, suele pensar en agresividad. Aunque es común confundir o mezclar los dos, son muy diferentes. La delineación se puede resumir con una simple palabra, respeto.

Las personas asertivas respetan las opiniones, los sentimientos, las necesidades y los deseos de los demás. No colocan los deseos de los demás por encima de los suyos. En cambio, encuentran métodos para evitar infringir los derechos de las personas al mismo tiempo que hacen valer sus propios derechos y buscan un compromiso. Es posible comunicar tus sentimientos sin que alguien sienta que debe ceder ante ti.

La agresividad, en cambio, carece de respeto. Las personas agresivas no muestran respeto por los demás. Son rápidos para gritar o amenazar a las personas e invaden su espacio personal. Estos individuos están tan preocupados por expresar sus opiniones que harán una escena para ser escuchados.

El comportamiento agresivo se caracteriza por una total indiferencia por las necesidades, deseos, sentimientos o incluso la seguridad personal de los demás. Las personas que se comportan de esta manera tienden a defenderse rápidamente, incluso si eso significa pisar a los demás. Suele ser un comportamiento enojado y exigente donde se levantan las voces y donde el sarcasmo puede volverse amenazante o violento. Los conflictos con personas agresivas se convierten en luchas de gritos que pueden derivar en violencia física.

La agresividad excesiva y la autopromoción parecen desenfrenadas en los medios y la sociedad de hoy.

Las personas se comunican agresivamente todos los días mientras ignoran los sentimientos y derechos de los demás. Las peleas ocurren a diario en los programas de entrevistas, y la persona más desagradable y agresiva a menudo obtiene la mayor cantidad de tiempo al aire en la televisión. La manipulación maestra se ha convertido en una forma de alto arte, chupando la vida de interacciones significativas y respetuosas.

Por el contrario, la asertividad conlleva una tranquila dignidad. No es agresivo como la comunicación agresiva. Se trata de encontrar el equilibrio perfecto entre decir no a los demás mientras le dicen que sí. Las personas asertivas tienen la madurez y el autocontrol para saber lo que quieren y cómo conseguirlo sin infringir los derechos de los demás.

No es probable que ser agresivo te haga ganar muchos amigos y, en última instancia, es posible que no consigas lo que quieres. Ser asertivo, por otro lado, te permite establecer límites para expresar honestamente cómo quieres que te traten. El equilibrio entre la confianza en uno mismo y encontrar una voz para expresar claramente sus necesidades y deseos puede ser reconfortante, tanto para usted como para los demás.

Asertividad VS Pasividad

. . .

En el extremo opuesto del espectro está la pasividad. La comunicación pasiva asume que otros entiendan lo que quieres o necesitas, incluso si no específicas esas necesidades. El silencio y la suposición son las señas de identidad de este estilo.

La diferencia clave aquí es nuevamente el respeto. La agresividad se define por la falta de respeto por los demás, mientras que la pasividad se define por la falta de respeto por uno mismo. Las personas pasivas ignoran sus propias opiniones, sentimientos, necesidades y deseos. Tienen la costumbre de colocar sus deseos por debajo de los demás.

Las personas asertivas nunca pierden de vista la idea del respeto propio. Se respetan a sí mismos y usan sus palabras y acciones para expresar los límites de lo que necesitan y quieren con una voz tranquila y clara, mientras mantienen una postura que transmite confianza y compostura.

Al igual que con la agresividad, tampoco es probable que la pasividad te haga ganar muchos amigos. Peor aún, es incluso menos probable que obtenga lo que deseas. La pasividad le quita el poder a una persona que permanece callada o simplemente permite que otros decidan lo que debe suceder.

. . .

Las personas asertivas no son sumisas ni agresivamente dominantes. Ellos logran un equilibrio claro de respeto por las opiniones de los demás mientras expresan sus necesidades y deseos de una manera que no se puede malinterpretar. Debido a que este estilo de comunicación se basa en el respeto mutuo, es una forma diplomática de discutir temas que van desde cómo quieres que te traten los demás hasta cómo estás dispuesto a manejar los conflictos.

El primer paso en la búsqueda del éxito, es dejar de estar cautivo en el medio ambiente en el que te encuentras primero. Busca desarrollar tus habilidades como comunicador asertivo para poner fin a tu cautiverio. Te ayudará a autoevaluarse, reconocer quién eres y qué quieres, luego dar pasos simples pero efectivos para encontrar tu voz y poder defender tus deseos y necesidades. Estarás mejor equipado para construir el entorno en el que deseas vivir al crear límites de respeto por ti mismo mientras aprecias las necesidades y deseos de los demás.

7

¿Cómo Conseguir Que Un Hombre Te Invite A Salir?

Habiendo encontrado a un gran hombre en cualquiera de los lugares anteriores, ¿cómo puedes lograr que te invite a salir?

Usa tu lenguaje corporal

Puedes hacerle saber a un hombre que estás interesada en él a través de tu lenguaje corporal, como por ejemplo:

Mantener el contacto visual: cuando haces eso, normalmente le demuestras que tiene toda tu atención, lo cual es bueno. También puedes mostrar tu interés mirándolo durante el tiempo suficiente para que él pueda sonreír y luego podrás mirar hacia otro lado con timidez. Intenta jugar con tu cabello de una manera sexy mientras conversan. Trata de mirar ocasionalmente hacia el suelo, ya que eso te hace lindo. Inclínate hacia él cuando hables.

. . .

Coquetea

Coquetear es otra forma que puedes utilizar para insinuarle a un hombre que estás interesada en él. Dicho esto, debes evitar hablar demasiado fuerte. Solo sé un coqueteo sutil y deja pistas. A continuación se muestran algunos ejemplos de cómo coquetear:

Bromea con él burlándote de uno de sus intereses o de algo que esté haciendo pero de una manera agradable y divertida.

Encuentra una manera de felicitarlo y hacerle saber que es lindo sin ser demasiado obvio. Por ejemplo, puedes contarle cómo entró en la habitación y todas las chicas lo miraron fijamente.

Es un poco tentador usar algo que muestre la mejor parte de tu cuerpo. Puedes usar una falda corta para lucir tus piernas o tus muslos. También puedes mostrar un poco de escote. Sin embargo, asegúrate de no vestirte con demasiado escote o vestidos demasiado cortos.

Habla en voz baja.

Deja pistas usando tu interés común

. . .

Cuando conoces a un chico, una de las cosas que sueles hacer es conocerlo. La mayoría de las veces descubrirás que compartes un interés común, que es algo que puedes usarlo para que te invite a una cita. Por ejemplo, si amas a un músico común, puedes conversar con él sobre el músico y luego hacerle saber dónde actuará a continuación y ver si te pide que vayas con él. Puedes hacer lo mismo con un equipo deportivo o con una nueva película que está por estrenarse.

Habla sobre tu horario

Hablar con un hombre sobre tu agenda le da una idea para invitarte a una cita porque ahora sabe cuándo estás libre y cuándo no. Por supuesto, se supone que no debes decirlo directamente. Utilice algunos trucos para transmitir su mensaje. Por ejemplo, cuando pases por tu cafetería favorita, puedes decir: "Me encanta ese lugar. Siempre tomo mi café allí los miércoles por la noche. Tienen el mejor café del mundo". Eso hará que quieran invitarte a salir aún más porque ¿quién no querría tener la oportunidad de probar el mejor café del mundo? También puedes decirles que tus fines de semana han estado ocupados durante el último mes, pero que estás agradeciendo a Dios porque el próximo fin de semana estarás libre. Continúa esa afirmación diciendo algo como: "Estoy deseando hacer algo divertido este fin de semana".

Haz que tus amigos dejen algunas pistas

Todo lo que tienes que hacer es planificar previamente con tus amigos cómo pueden dar algunas pistas sin que parezca que han sido entrenados. Una forma de hacerlo es hacer que tu amigo te diga: "Oh, aquí vienen mis parejas favoritas" cuando te encuentre con él. Por lo general, eso le da al hombre la seguridad de que ustedes dos se ven bien juntos, lo cual es algo que le hace querer invitarte a salir.

También puedes hacer que tu amigo se burle de él preguntándole cuándo tendrá el valor de invitarte a salir.

Una vez que el hombre te invita a salir, ¿cómo te aseguras de ser una gran cita? Averigüémoslo en el siguiente capítulo.

8

¿Cómo Ser La Cita Perfecta?

En el capítulo anterior, aprendiste cómo conseguir que un hombre te invite a salir. Al utilizar la información del capítulo anterior, ahora obtendrá numerosas citas de novios potenciales. Entonces, ¿cómo se supone que debes comportarte en estas fechas para aumentar tus posibilidades de conocer al hombre perfecto? A continuación se presentan algunos consejos sobre lo que debe hacer para ser la cita perfecta.

Elige un atuendo excepcional

El primer paso para impresionar a tu cita es elegir un atuendo hermoso que dejará boquiabierto a tu posible novio cuando te vea. Quieres que diga "guau" una vez que lo conozcas.

. . .

La mejor manera de saber qué ponerse es investigando el lugar al que se dirige. Recuerda, para ser hermosa debes reflejar el entorno. En segundo lugar, debes elegir algo con lo que te sientas cómodo y, en tercer lugar, debes usar algo que muestre un poco de piel, aunque no demasiado; lo suficiente para que tu cita se fije más en ti.

Dale un saludo rápido y tranquilo

Las primeras citas siempre son estresantes, independientemente de si llevas algún tiempo hablando con el chico o no. Por lo tanto, el segundo paso que debes dar es mantener la calma cuando venga a recogerte. Dale un abrazo rápido y hola y tal vez una broma para aliviar la presión. Puedes decirle algo como "Espero que no te hayas cambiado tres veces como yo".

Dejarte llevar

La mayoría de las veces, cuando llegas al lugar y tú y tu cita ya están tranquilos, tu instinto generalmente te dice que comiences a hacer un montón de preguntas para que él se abra y puedas conocerlo mejor. Esa es una mala jugada.

Nunca debes hacer eso porque cuando lo haces, los hombres se sienten como si estuvieran en una entrevista o como si los estuvieran investigando, lo cual es la vibra equivocada para una cita.

Lo que debes hacer es fluir con la conversación actual y encajar hábilmente tus preguntas en las conversaciones. Por ejemplo, si te cuenta una historia sobre su familia, puedes hacerle un par de preguntas sobre su familia como: "¿Entonces tu madre es tan estricta? ¿Y cuántos hermanos tienes?" Dicho esto, debes asegurarte de obtener la mayor cantidad de información posible de él.

Sé un gran conversador

Cuando estás en una cita, debes intentar en la medida de lo posible entablar conversaciones interesantes sobre ti mismo.

Puedes hablar sobre cómo te encanta el senderismo o tu experiencia en la escuela secundaria o cualquier otra cosa sobre ti. Los hombres odian cuando hablas mucho de las cosas que hicieron tus amigos porque no las conocen y, a veces, esas historias no son ni la mitad de divertidas de lo que crees.

Divertirte

. . .

Tener una cita debería ser divertido.

Tu principal objetivo debe ser disfrutar lo más que puedas de la compañía de tu cita. Los hombres aman a las mujeres vivaces que demuestran que se divierten y no a las mujeres que actúan como si tuvieran algo mejor que hacer. Por eso, siéntete libre de mostrar tu personalidad de una forma divertida.

Pregúntale si es soltero

A la mayoría de los hombres les gustan las mujeres honestas y directas. Por eso siempre es importante que le preguntes a tu cita por qué está soltero. También deberías estar preparado para responder la misma pregunta. Descubre si estás listo para una relación.

Un hombre te respetará más si sabe lo que quieres y una forma de demostrarlo es preguntándole si estás abierto a una relación en ese momento particular de tu vida. Aunque a veces alguien puede no estar preparado para una relación, puede hacer una excepción, así que no te apresures a descartarlo, pero ten en cuenta que es posible que no esté preparado y que tendrás que ser lo suficientemente fuerte para alejarte si lo haces. ves que la relación no progresa como esperabas.

. . .

Habiendo salido a una cita, ¿qué criterio utilizas entonces para saber si un hombre merece tu tiempo? El primer criterio que vas a utilizar para analizar tu cita es revisar esa lista que habías creado de lo que buscabas en un hombre y determinar si cumple con los criterios.

Una vez que hayas terminado con eso, también debes mirar las señales que muestran si un hombre es material de novio para ver si la persona que acabas de examinar, usando tu información personal para la lista donde calificas para material de novio. Aprendamos más sobre eso en el siguiente capítulo.

9

Señales De Que Vale La Pena Dedicarle Tiempo

¿Cómo puedes saber si un hombre con el que has salido a una cita es material para novio?

Él te hace sentir cómodo

El hombre con el que termines como novio debe ser alguien que pueda hacerte sentir cómoda. Esa es una de las señales de que es material de novio. El hombre debe tener un aura que te calme y te haga sentir que estás en el lugar correcto.

También debe ser una persona con la que puedas sentarte, no hacer nada y aun así sentir que estás pasando un rato agradable. Si un hombre en particular no te hace sentir cómoda, significa que no es el indicado para ti. Recuerda que mereces lo mejor y sentirte cómoda con tu novio es lo mejor.

Él puede proveerte

Una de las responsabilidades que es natural para los hombres es ser proveedores de sus familias. En las relaciones, muchos hombres se sienten confiados y seguros cuando saben que pueden mantener a sus parejas. Generalmente son más felices, cariñosos y afectuosos cuando saben que pueden cuidar de ti.

Por otro lado, un hombre que no puede mantenerte, carece de confianza y puede estar de muy mal humor debido a las frustraciones. Por lo tanto, para que un hombre valga la pena, debe tener seguridad financiera. Él debe ser capaz de mantenerte y aún tener tiempo para invertir en la relación. Sin embargo, no tiene que ganar seis cifras para que valga la pena, sólo necesita ganar lo suficiente para ser su proveedor.

Él escucha

La mayoría de los hombres dicen que las mujeres hablan demasiado como para prestar atención a todo lo que dicen.

Una forma de saber que un chico merece tu tiempo es si no está de acuerdo con la afirmación antes mencionada.

. . .

Un hombre merece tu tiempo si valora tu opinión y se toma su tiempo para escucharte. Escucharte demuestra que se preocupa por ti y ese es un personaje material de novio.

El hace lo que dice

Un hombre que busca una relación a largo plazo suele tener un alto nivel de integridad, lo que se ve frecuentemente en sus palabras y acciones. Si dice eso te llamará después de 30 minutos hace exactamente eso. Este tipo de hombres suelen cumplir sus promesas. Si tu hombre tiene esta cualidad, entonces vale la pena dedicarle tu tiempo.

Él no espera tener intimidad física antes que de que alguno de los dos esté listo

Un hombre merece tu tiempo si te encuentra extremadamente atractivo pero no espera que lo beses o tengas sexo con él antes de que estés lista. Lo que es más, él no te presiona para que tengas contacto físico con él para que puedas demostrar tu interés en él. La otra cosa es que cuando realmente tengas ganas de tener intimidad contigo, te insinuará y no le importará si te niegas. Probablemente se disculpará y respetará tu decisión.

CONSEJOS PARA CITAS

Este capítulo tiene más consejos sobre citas para facilitar la búsqueda.

El Sr. Perfecto es más fácil:

No te excedas cuando tengas una cita

Un error que cometen la mayoría de las mujeres cuando salen a una cita es pensar que es buena idea abusar del alcohol para relajarse y calmar los nervios. Si esto es lo que haces, le insisto encarecidamente a que ponga fin a ello de inmediato. A los hombres no les parece lindo que estés borracho en una cita, especialmente en la primera. Su mayor interés suele ser saber quién eres. Si sientes que realmente tienes que relajarte antes de una cita, mira una película de comedia justo antes de ir a la cita. Es una de las mejores alternativas.

No te acuestes con el chico después de tu primera cita

Uno de los peores errores que puedes cometer es acostarte con un hombre después de tu primera cita.

. . .

Quizás estés pensando que tener una cita es demostrarle que te gusta, pero ese no es el mensaje que recibirá. Una primera cita hace que los hombres duden de su seriedad al tener una relación a largo plazo. También les hace preguntarse si te relacionas con todos los Luis, Jonathan y Arturo en tus primeras citas. En resumen, los hombres piensan que no tienes cualidades para ser material de novia. Si es posible, debes esperar hasta que estés saliendo oficialmente.

No persigas al hombre, espera a que te persigan

Debes evitar llamar y enviar mensajes de texto a un chico constantemente hasta el punto de que el esfuerzo de comunicación sea solo unilateral. Los hombres suelen odiar que las mujeres hagan esto porque apenas tienen la oportunidad de perseguirte. En las etapas iniciales de las citas, se supone que los hombres son quienes te llaman y envían mensajes de texto. Los hombres son cazadores y se enorgullecen de cazar por tu amor. Ten en cuenta que no estoy diciendo que no se acerque a él, sino que dejes que él se acerque más a ti.

Tu búsqueda de novio no debería ser el centro de tu vida

Cuando buscas novio, no debes dejar que tu vida sea absorbida por la búsqueda.

. . .

Si lo haces, puede parecer que estás desesperada y eso puede hacer que la gente no se interese en ti. Lo que debes hacer es concentrarte en realizar las actividades que disfrutas mientras buscas novio. Hacer lo que amas te mantendrá feliz y te hará más atractivo.

No te asientes

Recuerda siempre que estar soltera es mejor que salir con un hombre que no merece tu tiempo. Busca el mejor novio posible y no caigas en la tentación de conformarte con el segundo mejor porque la búsqueda ha tardado demasiado. Incluso el buen libro dice que las cosas buenas llegan a quienes esperan. Tómate el mayor tiempo posible para encontrar al hombre adecuado porque vale la pena esperar.

10

¿Por Qué Tu Forma De Pensar Tiene Mucho Que Ver Con Tu Éxito En El Amor?

¿Están tus casas en orden?

No, ¡no estamos diciendo que de repente tengas varias casas!

Esta pregunta pretende reflejar los distintos segmentos de tu vida y cómo afectan tu felicidad general. Los estados de tus casas de vida tienen un impacto directo en el tipo de amor que puedes atraer a tu vida. Cuando tengas una cita, o simplemente estés buscando una cita, piensa en lo que realmente le estás diciendo al mundo. Estás diciendo: "Únete a mí en esta vida que he creado". Necesitas poder decir esto con confianza, creyendo verdaderamente que la vida que has construido para ti mismo es una vida en la que cualquiera estaría feliz de unirse. El proceso de construir esa vida está obviamente fuera del ámbito de este libro (o de cualquier libro). !), pero aún así vale la pena abordarlo aquí, justo en la parte superior.

Miremos vuestras casas y mientras lo hacemos pensemos en la salud de cada una y en qué podéis hacer para mejorarla. Imagine estas áreas como espacios literales y pregúntate: "¿Están listas para recibir compañía?". Si no, tómate un tiempo libre antes de volver a salir. Limpia las telarañas y tira la basura. Trabaja para embellecer tu vida para que puedas sentirte orgulloso de pedirle a alguien que se una a ti.

Trabajar

Esto es extremadamente difícil de cuantificar porque el éxito parece muy diferente para mucha gente. Una persona puede sentir que su carrera va bien sólo cuando gana un montón de dinero, se gana un montón de respeto y gestiona un gran equipo. Alguien más, sin embargo, podría sentirse bien con el trabajo si gana lo suficiente para vivir, sin pensar realmente en el trabajo fuera del trabajo y simplemente arreglándoselas. Aquí hay algunas preguntas que debe hacerse sin importar en qué extremo se encuentre o si se encuentra en algún punto intermedio.

¿Mi trabajo me deja suficiente tiempo para dedicarme a otros intereses? Si trabajas 100 horas a la semana, ¿cuándo esperas tener tiempo para mantener una relación sana, y mucho menos tener suficientes citas para encontrar pareja?

. . .

Responsabilidad Afectiva y Dónde Encontrarla

Está absolutamente bien, incluso fantástico, estar solo y concentrarse en su carrera. Lo que no está bien es desesperarse tratando de tener citas y trabajar 16 horas al día.

¿El trabajo me hace sentir miserable? Si tu trabajo te hace honesta y verdaderamente miserable, hasta el punto de afectar tu capacidad para disfrutar el resto de tu vida, considera hacer un cambio antes de intentar involucrarte en una relación. Si no lo haces, corres el riesgo de que el mal trabajo mental te ponga en riesgo en tu relación. El romance es genial, pero no es un ungüento que lo cura todo.

Necesitas tener suficiente al final del día para ofrecerle una pareja, y si el trabajo te está matando el alma, no lo harás.

¿Gano suficiente dinero para vivir solo? Este es un grande. Si no ganas suficiente dinero para mantenerte, necesitas solucionarlo antes de empezar a tener citas serias. ¿Por qué?

Porque eres vulnerable cuando no puedes tomar decisiones financieras libres. Obviamente esperas encontrar una pareja que te ame y te apoye, pero desafortunadamente hay personas en este mundo que se aprovecharían de alguien que está en una mala posición, y la libertad financiera te protege de esto.

. . .

Social

¿Cómo es tu vida social, fuera de las citas? ¿Tienes una red de apoyo de amigos que se preocupan por ti y a quienes tú cuidas? Si no lo haces, considera gastar allí la energía que ibas a dedicar a las citas. ¿Por qué? Porque los amigos te hacen una persona mejor, más feliz y más comprometida con el mundo. Cuando tienes una vida social llena de gente vibrante y amorosa, no sólo serás más atractivo para posibles intereses románticos, sino que su presencia te refrescará constantemente cuando estés en una relación. Tendrás cosas más interesantes que aportar y, si por alguna razón no funciona, tendrás un lugar fácil donde aterrizar y personas que se preocuparán por ti.

Entendemos, por supuesto, que hacer amigos siendo adulto no es precisamente fácil. Si no tiene la vida social que desea, aquí hay algunas cosas que puede hacer para ayudar a construir una. Para las personas muy tímidas, estas cosas pueden resultar difíciles, pero vale la pena intentarlo. Salir de tu zona de confort no sólo es una excelente forma de desarrollar el carácter, ¡sino que también es una muy buena práctica para las citas!

¡Voluntario! Encuentra una causa que te importe y busca en la web algún lugar que necesite tu ayuda.

. . .

El voluntariado es una excelente manera de conectarse con la gente porque te conecta con un grupo que sabes que tiene algo importante en común contigo: que te preocupas por esta causa.

Sólo eso, dado que definitivamente pasarán tiempo juntos, sabes que tendrán tiempo para conocerse. ¡Sal de la casa! Invita a cenar a ese amigo que no ves lo suficiente. Pídele a tus amigos que organicen salidas grupales. Di sí a más invitaciones, si eres escamoso sobre planes o date a conocer por siempre negar invitaciones, ya que la gente dejará de invitarte.

Construir una reputación como alguien que esté comprometido y entusiasmado con el mundo.

Invierte en tus relaciones. Si tienes amistades que ya no son tan cercanas como antes, ¡reavívalas! Cuando conozcas a alguien nuevo que sea emocionante y divertido, esfuérzate.

En las amistades, al igual que en las citas, solo obtienes de ellos lo que pones. Asegúrate de dar tu mejor esfuerzo.

Hogar

. . .

Esta es una pregunta tanto física como espiritual: ¿Es tu hogar un lugar feliz? ¿Se siente cómodo invitando gente a su casa? ¿Te sientes seguro de revelar quién eres realmente a la gente? Si la respuesta es no, puede que sea el momento de hacer una limpieza profunda de su hogar, tanto por dentro como por fuera. En lo que respecta a tu casa física, ¡dale una buena limpieza! Compra algunas flores. Deshazte de las cosas que no te hacen feliz. Haz que tu espacio vital sea lo más hermoso, tranquilo y acogedor posible. Luego dirige tu atención hacia adentro. Si realmente tiene miedo de compartirse, considere consultar a un terapeuta para resolver esos problemas. Necesitas entrar en la escena de las citas sintiéndote como si fueras un partido. Si no es así, averigüe por qué y aborde estos problemas. Mereces sentirte bien contigo mismo, con o sin pareja. Esta es la base de cualquier relación que desees construir, así que asegúrate de que sea sólida.

DEJAR QUE UNA RELACIÓN EVOLUCIONE

Cuando encuentras a alguien con quien disfrutas pasar tiempo, generalmente descubres que quieres estar juntos por períodos de tiempo más largos o que quieres salir juntos todas las noches y que decididamente falta algo cuando tu pareja no está allí. Recuerda, no quieres parecer dependiente de tu pareja. Eres un ser humano completo por ti mismo. No empieces a aferrarte. Deja que la relación evolucione por sí sola porque una buena relación lo hará.

Responsabilidad Afectiva y Dónde Encontrarla

. . .

Si empiezas a lanzarle sentimientos de culpa a tu pareja porque no pasa suficiente tiempo contigo, eso lo alienará y causará ondas que no necesitan estar ahí. Lo más probable es que si te sientes así, entonces no estás siendo razonable y necesitas poner en orden tus propias prioridades. Es tu inseguridad más que la culpa de tu nueva pareja.

Encuentra cosas que disfruten hacer juntos y permite que tu pareja sea la persona que es. Por ejemplo, si quieren ir juntos al cine, está bien, pero si él quiere ver a su amigo mañana, también está bien. Es parte de quién es él. Deja que la relación siga su curso natural sin presiones porque las presiones pueden destruir una relación. Llegará un momento en el que será natural que ambos quieran compartir más tiempo juntos. Puede que incluso hables de matrimonio y de ambiciones. Puedes hablar sobre cuáles son tus expectativas en la vida. Así es como las parejas saben si son compatibles. Por ejemplo, un hombre puede querer tener hijos cuando la mujer ya ha decidido que no quiere seguir ese camino y no hará concesiones. Cuando encuentras la relación adecuada que funcionará para ambos, todos esos elementos diferentes salen a la luz y es posible que descubras que tienes creencias muy similares.

Cuando las cosas van mal en las relaciones es cuando uno de los socios espera que el otro abandone esas creencias. Si ese es el caso, el factor de compatibilidad no existe y siempre habrá resentimiento. Ese es el momento en el que toca decir adiós y seguir adelante.

Sí, es triste cuando una relación llega a su fin, pero si realmente deseas una relación que realmente te satisfaga, necesitas a alguien que te permita ser tú mismo y que esté dispuesto a aceptarte a ti y a tus creencias como un solo paquete. Cuando un amigo mío estaba hablando de matrimonio, tu futuro esposo insistió en que antes de poder realizar la ceremonia matrimonial, ella tendría que convertirse a otra religión. Lo estaba considerando seriamente porque no quería perderlo, pero tampoco quería perder algo que era importante y parte de quién era: sus propias creencias. Fue solo al analizar estas cosas que pudieron ver que el matrimonio no podía funcionar basándose únicamente en sus expectativas y finalmente terminó porque él no era nada flexible. Ella sugirió tener una ceremonia civil en lugar de una religiosa y mantener sus propias religiones, aunque él no estaba en absoluto abierto a esto, ya que creía que sus hijos debían nacer de dos padres con la misma religión. Ella trató de explicarle que también sería saludable que los niños pudieran comparar religiones y tomar sus propias decisiones, aunque sus ideas eran demasiado fijas para aceptar esta idea.

El impacto de vivir juntos a veces es un poco extraño, pero las cosas que deben considerar son cosas prácticas que hacen que la vida de ambos sea más fácil. Por ejemplo, si a usted le gusta hacer cosas tranquilas y a su pareja le gusta jugar juegos ruidosos en la computadora, tiene que haber un compromiso para que ambos puedan perseguir sus intereses. Personalmente, necesito silencio para escribir y a mi pareja le encanta escuchar música a todo volumen.

El compromiso fue que equipamos su taller con un sistema estéreo y eso, lejos de mi escritorio, nos conviene a ambos. Ambos podemos hacer lo nuestro desde la comodidad de nuestro hogar en nuestros propios espacios.

Lo que no necesitas hacer es comprometerte con QUIÉN eres. Si tu y tu pareja ya están sincronizados como individuos, el respeto generalmente hace el resto. Respetas que tu pareja tiene intereses diferentes a los tuyos y organizas tu hogar de tal manera que ambos puedan seguir siendo las personas que eran antes de mudarse juntos. Eso es extremadamente importante. El problema de agrupar esos intereses individuales en un solo espacio vital es que puede frustrarte y descubrir que esto causa resentimiento entre ustedes que se habría resuelto fácilmente si hubieras sido más reflexivo sobre tus arreglos de vivienda.

ESTAR JUNTOS

La influencia externa puede ser un peligro real en una relación. Si escuchas críticas a tu pareja, aunque estés de acuerdo con ellas, recuerda que sois pareja. No dejes que la interferencia externa arruine tu relación. La solidaridad que existe entre las parejas es primordial para que la relación sea satisfactoria. Digamos, por ejemplo, que tu suegra no aprueba tu forma de vestir, no sería prudente que tu marido se pusiera de su lado.

Él es tu pareja y es importante que se mantengan unidos como un frente sólido contra las críticas de los demás.

Recuerdo una vez que un amigo me preguntó: "¿Cómo soportas que sea tan cobarde?". Lo que ella estaba insinuando era que un hombre de verdad come carne y yo sabía que estaba hablando de sus hábitos vegetarianos. Nos reímos del comentario porque es la única manera de tratar ese tipo de comentarios. Si tomas un comentario como ese y lo amplías expresando tu preocupación, actúas en contra de los intereses de la relación. ¿Y si ese día en particular yo pensara que mi marido era un cobarde? ¿De qué le serviría al matrimonio darle esa retroalimentación negativa? De hecho, puede quitarle un poco de confianza en sí mismo y las parejas nunca deberían hacerse eso entre sí. Pueden sugerir cambios o probar cosas nuevas juntos, pero nunca deben dictar la forma en que tu pareja debe comportarte ni intentar cambiar sus creencias fundamentales.

Cuando las cosas van mal

Cuando tienes una gran relación, puedes discutir. Eso no significa que tengas que tener todas las mismas opiniones.

Una vez asistí a una cena y recuerdo que mi esposo y yo estábamos expresando nuestras propias opiniones sobre un tema y en realidad estábamos discutiendo. Fue algo que disfrutamos, ya que ambos éramos miembros de una sociedad de debate y ambos teníamos diferencias de opinión. A menudo éramos compañeros de entrenamiento y era parte de la diversión de ser nosotros mismos. Al ir a la cocina a tomar una copa de vino, recuerdo haber oído a un amigo hablar de nosotros y lo encontré muy divertido:

"¿Los escuchaste discutir? No creo que duren mucho así".

Sin embargo, la cuestión fue que duramos porque respetamos que cada uno de nosotros tenga su propia opinión. Con demasiada frecuencia veo parejas que piensan que por estar casados deben seguir la forma de pensar de su pareja. Por supuesto, esto es una completa tontería. Cuando te casas, no renuncias a tu derecho a ser un individuo y ahí es donde mucha gente se equivoca. Una chica necesitada estará de acuerdo con su marido y sufrirá todo tipo de comportamiento por parte de él hacia ella porque no tiene respuestas reales por sí misma. Ves mujeres que sufren abusos y te preguntas por qué una y otra vez se enamoran del mismo tipo de hombre que abusará de ellas. El hecho es que, en primer lugar, inician su relación sin igualdad, pensando que carecen de algo. Temen perder la relación y harán cualquier cosa para mantenerla, pero la relación en sí tiene muy poco valor real si ambas partes no son iguales.

Mi esposo y yo nos reímos mucho de la idea de que la gente pensara que estábamos a punto de separarnos porque teníamos una diferencia de opinión.

Se te permite tener diferencias e incluso puedes disfrutar hablando de ellas y tratando de convencer a tu pareja de por qué crees en lo que crees. Ha habido casos en nuestro matrimonio en los que he podido convencer a mi marido de cambiar sus creencias sobre algo basado en un argumento lógico. Nunca le exigiría que cambie. Esa es la diferencia y a cada persona dentro de una relación se le debe dar el derecho de tener su propio sistema de creencias individual.

Cuando intentas aplastar eso y hacer que tus puntos de vista sean más importantes que los de tu pareja, le faltas el respeto a tu pareja y si estás preparado para que te pisoteen porque sus opiniones son más fuertes que las tuyas, entonces no tienes a nadie más a quien culpar. pero a ti mismo. Ser uno mismo. Tengan sus creencias y diferencias de opinión porque estas diferencias son humanas y perfectamente normales.

Te ganarás el respeto de tu pareja si siempre eres fiel a ti mismo, pero eso no significa cerrar tu mente a otras opiniones. Significa sopesar las cosas en función de lo que ambos piensan y, si cambias de opinión, nunca seas demasiado terco para decirle a tu pareja que tiene razón. No se trata de ganar puntos. Se trata de demostrarle a tu pareja que todavía tienes la mente abierta y que estás escuchando lo que tu pareja tiene que decir. Incluso si no estás de acuerdo con tu pareja, siempre debes valorar que ambas opiniones son válidas y que ninguna persona debe gobernar la vida de la otra.

Si permites que tu pareja tome todas las decisiones, lo que haces es quitarte tus propios derechos y eso es realmente una receta para el desastre. Acostumbras tanto a tu pareja a hacer las cosas a su manera que es lo que se espera. Entonces, cuando realmente no estás de acuerdo con lo que te proponen, el problema es que ellos ya están acostumbrados a tu sumisión y pueden incluso sorprenderse de que puedas pensar por ti mismo. Sin embargo, si siempre demuestras que el pensamiento independiente es algo que das por sentado, entonces no llegarás al punto en el que se espera que vuelvas a la sumisión.

11

Lo Que Los Hombres Desearían Que Supieras Sobre Los Perfiles De Citas Online

Decidir participar en el mundo de las citas online es un poco como comprar un cartel publicitario al lado de una autopista importante. Tienes el potencial de exponerte a más personas de las que jamás podrías conocer en un solo lugar, persona a persona, y es por eso que funciona. Las citas son un juego de números y nos conectamos a Internet para aumentar nuestra exposición a un mayor número de posibilidades románticas de lo que nuestra ajetreada vida diaria permite. Sin embargo, muy a menudo el perfil de un usuario hará un trabajo maravilloso al erosionar esa audiencia, palabra por palabra, imagen por imagen, y alinear todas las posibilidades de coincidencia o armonía.

Ser honesto es importante, pero imagina si el eslogan de tu refresco favorito fuera "¡productos químicos que hormiguean!" o su desodorante declaró "Agrega lavanda a tu olor corporal".

. . .

Hay una cierta cantidad de misterio, romanticismo y arte de vender que NECESITA suceder para que otro ser humano igualmente aterrorizado se acerque a ti. Si puedes eliminar los miedos potenciales de otra persona que lee tu perfil y crear una química por escrito con esa persona basada en rasgos únicos o en el disfrute que compartes, habrás ganado Internet... y posiblemente una relación gratificante que comienza con un solo gesto de contacto.

Una valla publicitaria o un perfil de citas es un gran espacio que llenar, y todos lo miran y lo juzgan por naturaleza. Comprar el espacio publicitario no es suficiente para alcanzar su objetivo de conocer a alguien que cumpla con lo que está buscando. ¿Qué va a decir tu cartel sobre ti? ¿Qué vende realmente? ¿Es un cartel en blanco, carente de personalidad y de cualquier mensaje convincente? Quizás diga: "Mis amigos me obligaron a hacer esto porque DEBO querer una pareja".

Muy a menudo veo un perfil en línea gritando: "¿Quieres ser mi tercera prioridad después de los niños y el trabajo? ¡Envíame un correo electrónico!". Es posible que encuentre líneas de escote más largas que la falla de San Andrés, grupos de 5 a 15 mujeres borrachas en el piso de un hotel de Las Vegas con ojos rojos, perros, gatos y fotografías de hace 15 años.

. . .

Por todas las fallas de tu perfil te felicito, pero arreglémoslas si realmente quieres atraer o encontrar lo que buscas.

¿Cuál es el secreto para escribir un perfil de citas exitoso?

El secreto es la **CONFIANZA** y **CONEXIÓN**. Probablemente hayas escuchado a alguien mencionar la confianza antes, pero probablemente no hay conexión.

El hecho es muy simple: te han mentido.

Para obtener sugerencias, ¿el sitio te pide que escribas tus intereses y pasatiempos?

¿Cuántos de ustedes han visto eso en el sitio de citas que eligieron?

Es una mentira que la gente te dice porque quieren que uses su servicio.

El hecho es que, ya sea que pagues por el sitio o no, todos los sitios dirán que tienen el algoritmo perfecto para conocer al Sr. o la Sra. Adecuado. A menos que completes cientos de cuestionarios, no existe tal algoritmo.

No les digas qué, sino por qué. Este es un problema que veo una y otra vez: las personas escriben una larga lista (o peor aún, párrafos) de cosas sobre ellos mismos y nada de eso tiene que ver con citas o con conectar con su pareja ideal.

Déjame explicarte lo que quiero decir:
No importa de qué sitio de citas hablemos, en todas ellas hay un cuadro que dice 'Acerca de mí'. En él, se te pide que escribas sobre ti (pasatiempos, intereses, objetivos, etc.), pero esto no podría estar más alejado del éxito con las citas online.

Cuando visitas un sitio de citas, buscas a alguien con quien te lleves bien. Entonces, en lugar de escribir en la sección "Acerca de mí", considéralo como "Acerca de nosotros", donde "Nosotros" eres tú y tu pareja ideal. En lugar de simplemente escribir "Me gusta cocinar", cuéntale a tu posible pareja por qué debería importarle ("Me gusta cocinar y me encanta cocinar para mi novio. ¿Cuál es tu comida favorita?" "Me gusta cocinar con mi novio"). Esto ayudará a la persona a visualizar a los dos juntos.

Cuando comencé a tener citas en línea, dudaba en compartir mucho sobre mí en mi perfil porque no sabía qué pensaría la gente de mí. Si pensarían que soy "poco varonil" o algo así.

. . .

Pero elegí ser honesto. En la primera línea escribí: "Me gustaría encontrar un hombre amable al que le guste caminar por la playa, tomarse de la mano y hablar".

¿Viste lo que hice? Pongo algo que disfruto: "caminar por la playa". Pero lo agregué porque es algo que quiero compartir con alguien: "Me gustaría encontrar un hombre al que le guste caminar por la playa". Podría poner "Disfruto de tal música", pero realmente no me importa si encuentro un compañero que disfrute de esa banda en particular.

Del mismo modo, si escribes "Disfruto cocinar", ¿tu cocina es algo que quieres compartir con tu pareja? Empecé a recibir correos electrónicos de hombres que decían: 'Si esto es cierto, eres una mujer increíble'. Porque no les contaba mis aficiones, les hablaba de lo que estoy buscando. Hablar de aficiones e intereses es para lo que sirven las citas. Pero cuando escribes un perfil, intentas establecer una conexión.

De manera similar, la forma en que las personas se "conectan" con personajes ficticios en la televisión o en los libros: establecen una conexión emocional al relacionarse y visualizarse a sí mismos.

No les digas lo que haces, sino por qué es importante para ellos.

. . .

Entonces, cuando estés escribiendo tu perfil, cierra los ojos por un minuto e imagina lo que tú y tu pareja ideal están haciendo y escríbelo. Si se imaginan yendo juntos a conciertos o clubes, escríbalo, porque eso es parte de quiénes son y algo que le gustaría que le interesara a tu pareja.

La gramática cuenta

No todo el mundo disfruta tanto de leer y escribir como los demás, pero el hecho es que incluso si no te gusta leer, la gente sí sabe leer. Un perfil lleno de "yo soy" dice mucho sobre una persona: dice: "Sí a esta persona le importa tan poco respetarse y presentarse en el papel, ¿cuánto esfuerzo puso en la relación?"

¿CÓMO ATRAER HOMBRES DONDE QUIERA QUE VAYAS?

El solo hecho de saber cómo se enamora un hombre te pone en ventaja. Puedes cambiar las cosas y utilizar este conocimiento para hacer que juegue en tus manos. Al menos entiendes lo que pasa por su mente mientras lo observas pasar por las diferentes etapas.

Basado en las etapas del amor por los hombres, ¿cómo puedes lograr que un hombre que te atrae se enamore de ti?

¿Cómo puede superar la etapa de decisión y decidir que eres la chica que estaba esperando?

Aquí hay algunas pinturas a considerar:

Mantén la atracción fuerte

Como sabes que él se siente atraído por ti, y esa es la razón por la que estás saliendo en primer lugar, asegúrate de que él siga atraído. Muéstrale tu mejor lado. A medida que se conozcan mejor, se darán cuenta de lo que les gusta y lo que no les gusta. ¿Hizo algún comentario sobre la forma en que llevabas el pelo en tu última cita? O felicitarte por el vestido que llevas. Toma estos consejos y síguelos. Mantén sus ojos enfocados en ti.

Apreciar sus esfuerzos

Él quiere complacerte. Muestra tu agradecimiento. Un simple agradecimiento y algunos elogios hacen maravillas con el ego de un hombre. Nos hace sentir exitosos y competentes, como si estuviéramos haciendo algo bien. Cuando te asocies con buenos sentimientos, buscará tu compañía.

Déjalo perseguir

La especie masculina necesita tu aprobación. Pero recuerda no demostrar cuánto te gusta al principio. Detente y déjalo perseguir. Apreciamos más a una mujer cuando nos costó conquistarla. Anímalo, pero no entregues la base de inmediato. Haz que trabaje para lograrlo, pero no demasiado como para que empieces a darte por vencida.

Despierta sus instintos protectores

Permítele ver tu lado femenino y vulnerable. No significa que debas ser pegajoso o indefenso, simplemente déjalo ser tu caballero de brillante armadura a veces. A un hombre le gusta estar con una mujer que le haga sentir hombre.

Aunque admiramos la independencia de las mujeres, todavía nos gusta pensar que necesitan que las protejamos de cualquier cosa. Entonces, de vez en cuando, haz que arregle el fregadero o que te lleve un equipaje pesado. Es tan simple como eso.

Respeta sus opiniones

Pídele su opinión y respeta sus puntos de vista sobre las cosas.

. . .

Solía salir con una mujer que pone los ojos en blanco cada vez que doy mi punto de vista sobre algo que estamos discutiendo. Me hizo sentir como una cucaracha estúpida. Podemos sentir el desprecio y la burla en la voz de una mujer, no creas que no podemos. Es fantástico estar con una mujer inteligente y capaz, pero un hombre nunca disfrutará estar con una mujer que piensa que es mejor que él y le hace sentirlo cada vez que puede. Incluso si lo eres, no tienes que menospreciar a un hombre que supuestamente te gusta, ¿verdad? Quiero decir, si crees que no hay nada valioso dentro de su cerebro, ¿por qué perderías el tiempo saliendo con él en primer lugar?

De acuerdo en desacuerdo. Dale la palabra de vez en cuando y escucha lo que dice. Si no puedes hacer eso, búscate otro hombre al que puedas respetar.

Dale algo de espacio

Hombres y libertad. Hay tantos clichés sobre esto. Sé que quieres estar con él todo el tiempo, pero si quieres jugar bien tus cartas, de vez en cuando recházalo con una excusa.

Cuanto más espacio le des, más odiará ese espacio y se preguntará qué haces cuando no estás con él.

• • •

Incluso cuando te casas y tienes hijos, esto es algo que debes recordar. El secreto de los hombres es no hacerlos sentir atados. Simplemente odiamos eso.

No lo atrapes

A veces, en tu afán, puedes ser demasiado fuerte y hablar de compromiso, cuando él aún no está listo. Lo último que quieres hacerle a alguien indeciso es hacerlo sentir acorralado. Influirá negativamente en su decisión. Algunos hombres piensan que la mayoría de las mujeres solteras quieren atraparlos si pueden y forzarlos a ponerse un anillo en el dedo. Asegurales que estás tranquilo y que no hay prisa. De eso también te gustaría estar segura antes de pasar al siguiente paso. Eso te hará relajarse.

Dale seguridad

Todos los hombres, incluso aquellos que actúan con confianza y engreídos, son inseguros y quieren demostrar su valía, especialmente a las mujeres. Ese es el tipo de poder que tienes sobre nosotros. Cuando haces que un hombre se sienta bien consigo mismo por dentro y haces que se vea bien ante los ojos de otras personas, lo tienes. Muéstrale su valor y te amará por ello. Pero no finjas. Eso volverá y los arruinará a ambos al final. Simplemente dile cuánto lo valoras, tan a menudo como puedas. Sé objetivo.

Ser interesante

Mantén tu interés siendo interesante. Muéstrale algo nuevo. Ir a lugares en los que no ha estado antes. Practica paracaidismo, kayak, lo que sea. Lo que noté sobre las mujeres es que cuando están seguras de que un chico ya se siente atraído por ellas, las dejan hacer todo el trabajo. A veces, también hay que contribuir a mantener encendida la pasión.

Haz que se sienta cómodo contigo

Hacer que te persiga y mantenerlo adivinando solo significa que no debes apresurarte. Esto no significa que siempre harás que tu hombre se sienta estresado e incómodo. Los sentimientos de amor son provocados por la oxitocina en el cerebro. Tienes que hacer cosas para que esos químicos sigan fluyendo. Cuando un hombre se siente tan cómodo contigo, dejará de analizar demasiado y simplemente disfrutará estar contigo.

Estas son sólo algunas de las cosas que NO sucedieron en mis citas. Parecen consejos sencillos, ¿verdad? Pero, de alguna manera, las mujeres los olvidan. Quizás algunos no nos entiendan muy bien a los hombres. Quizás hoy en día las mujeres sean demasiado independientes. No sé.

. . .

Durante la etapa de decisión, en la que un hombre decide comprometerse o no, hay varios factores que pueden cambiar el rumbo en su contra.

1) Un cambio en su carrera
2) Entra en pánico y corre.
3) No puede decidirse

Cuando sientas que retrocede o cuando comience a actuar como un bebé, déjalo. Sólo tiene miedo de quemarse.

Enamorarse y comprometerse puede significar que tendrá que sacrificar algunas cosas que son importantes para él. No le des la razón regañandolo. Que se decida. Si decide no perseguirte, entonces no es el indicado para ti.

Puedes convencer a un hombre de que vale la pena amarte, pero no puedes obligarlo a amarte. Solo pasa. Sin embargo, si juegas bien tus cartas, puedes ayudar a que esto suceda.

12

Las Ventajas De Las Relaciones A Larga Distancia

Las relaciones a larga distancia pueden involucrarse románticamente en otra ciudad o estado e incluso en otro país. Relaciones como esta se han vuelto muy comunes en los últimos años gracias a Internet, que ha facilitado que las personas en diferentes lugares se conecten y comuniquen.

Por otro lado, este tipo de participación romántica a veces puede ser difícil de mantener, ya que existen factores estresantes adicionales que no están presentes cuando las parejas viven juntas. En mi experiencia, no todo es tragedia y oscuridad, incluso hay algunos beneficios que vienen con las relaciones a larga distancia.

Crecimiento Individual

. . .

La distancia entre tú y tu pareja obliga a la independencia; para muchas parejas (aunque no para todas), estar cerca el uno del otro todos los días conduce a desencuentros personales y morales. Hacen todo juntos, completan las oraciones del otro y hacen tanto parecido que es difícil distinguir cada personalidad. Si bien esto puede parecer una buena idea al principio, hay problemas con esto. Hay poco espacio para el crecimiento y cada persona se define por su pareja. En una relación a distancia, tienes tiempo para encontrar tu personalidad. Tienes tiempo para pensar en tus valores, metas y moral.

Fortalece los lazos emocionales

La sociedad actual está obsesionada con el sexo. A dónde sea que veas: en la televisión, las redes sociales, los programas de entrevistas, las revistas, etc., todos nos dicen que el sexo es una parte vital de una relación. Si bien las relaciones sexuales tienen cierta importancia, no deberían ser lo único que importe. Muchas relaciones de larga distancia se rompen por falta de contacto físico. Estas rupturas muestran que el sexo es a menudo el único pegamento que mantiene unida una relación.

Lo bueno de una relación a larga distancia es que puede ayudar a fortalecer el vínculo emocional entre tú y tu pareja.

. . .

Tienen más tiempo para hablar entre ellos y, a su vez, conocerse mejor antes de compartir la misma cama. Las relaciones a larga distancia fomentan la comunicación y generan confianza. Estos dos elementos son esenciales para cualquier relación y permiten que la asociación funcione sin problemas. Estar en un LDR puede ayudar a fortalecer estos aspectos, ya que se debe dedicar mucho tiempo y esfuerzo a ellos ya que cada individuo no está físicamente cerca.

Agradecimiento por los momentos juntos

Si pasas tiempo con alguien con regularidad, es posible que te resulte más fácil darlo por hecho. Es fácil que las parejas se involucren tanto en su vida diaria que se olviden de apreciarse mutuamente y discutan constantemente, lo que a veces lleva a rupturas desagradables o a un matrimonio amargo. Tales disputas surgen durante momentos estresantes como después de un mal día en el trabajo. Si bien días como estos son inevitables, pueden afectar profundamente las relaciones, especialmente si ocurren con regularidad. Es un hecho triste, pero a veces estar lejos de la persona que amas puede ser bueno para ti. La distancia le enseña a la pareja la importancia de la relación y otorga una excelente apreciación del tiempo que pasan juntos. Empiezas a recordar sus risas, sus bromas y su compañía. El anhelo no siempre es destructivo; puede mostrarte cuánto amas a tu pareja.

. . .

Prueba al amor

A veces parece que aquellas parejas que pasan la mayor parte del tiempo juntas son muy cariñosas, pero no siempre es así. Algunas parejas son cercanas y pasan todo el tiempo juntas, pero cuando algo las separa (quizás alguien consigue un trabajo en otro lugar), se separan porque no pueden manejar la distancia. La relación se abandona por la falta de seguridad inmediata que resulta de la separación.

Se niegan a ver que volverán a estar juntos y crecerán personalmente a partir de la experiencia de la separación.

Las relaciones a larga distancia pueden ser muy inestables y desafiantes para ti y tu pareja. Estar dispuesto a pasar días, semanas o meses separados es un gran trabajo, pero al final, puede traer una gran felicidad cuando tú y tu persona se reencuentran.

Menos mundano

Las relaciones a larga distancia pueden fortalecer el tiempo que pasan juntos, ya que su tiempo es limitado, lo que hace que cada momento juntos sea esencial y memorable.

. . .

Además, el aburrimiento no llega tan rápido cuando pasas tiempo con tu pareja, ya que no pasas suficiente tiempo con ella como para aburrirte. El tiempo que pasan separados significa que ambos tienen algo nuevo que aportar a una conversación que la otra persona aún no sabe. Además, suele ser mucho más divertido que un día "normal" cuando se encuentran.

Llegan a conocerse sin la distracción física

La mayoría de las relaciones que comienzan con la atracción física y la participación no se pueden mantener a largo plazo porque la pareja eventualmente descubre que sus personalidades son incompatibles. Las citas a larga distancia a menudo aseguran una relación a largo plazo con videollamada, mensajes de texto, correo electrónico o redes sociales. Por supuesto, siempre existe el peligro de que no seas físicamente atractivo cuando finalmente te encuentres.

Aun así, uno nunca debe subestimar el poder de la conexión emocional para una relación fuerte.

La tecnología moderna lo hace mucho más fácil

En los viejos tiempos, las citas a distancia significaban comunicarse por escrito. Luego vino la llamada.

Hoy en día, podemos comunicarnos a través de video y audio en tiempo real, haciendo las cosas más rápidas y personales. Además, hay mensajería, correos electrónicos y redes sociales. Ahora las parejas pueden sentirse menos desconectadas unas de otras ya que podemos comunicarnos inmediatamente. Además, puedes compartir experiencias en línea, como ver una película o jugar un juego en línea.

Cuando tu relación sobrevive, sabes que es fuerte

Las relaciones a larga distancia traen otros desafíos que no están presentes cuando se encuentran cara a cara con regularidad, pero si una pareja puede superar estos desafíos, su relación se fortalece. Eso puede parecer contradictorio, pero mucho puede probar que si el romance puede sobrevivir desde lejos, puede sobrevivir a muchos otros desafíos.

Tener tiempo lejos el uno del otro puede ser saludable

Cuando pasan tiempo separados, siempre tienen cosas nuevas para aportar a las conversaciones en línea. También hace que su tiempo juntos sea muy especial y significativo.

Cuanto más tiempo pasen separados, más tiempo pasarán mostrando y siguiendo sus intereses.

Además, aprenden a confiar el uno en el otro, en lugar de confiar el uno en el otro, lo que significa que ambos quieren estar juntos pero también disfrutan del "tiempo para mí".

Tienes algo que esperar

Puede ser divertido tener a alguien especial con quien hablar al final de cada día o los fines de semana. Puede ayudarlo a superar momentos difíciles, así como otros desafíos de salud. Los chats, correos electrónicos, mensajes, etc., son aún más especiales cuando estás lejos de tu ser querido. Un viaje en el que se encuentran en persona también es divertido de planificar, y la sensación de anticipación puede brindar casi tanta alegría como un encuentro real.

Ambas partes están igualmente involucradas

Es raro que una unión resista la prueba del tiempo en una relación convencional. Uno de los socios puede esforzarse más que el otro, haciendo que una persona lleve la relación.

Mientras tanto, las citas a larga distancia requieren un compromiso total de ambos socios si desean continuar saliendo.

Una pareja debe planificar una comunicación regular, y las reuniones en persona requieren tiempo y dinero para prepararse. El esfuerzo ejercido suele ser beneficioso ya que ambas partes demuestran cuidado y consideración por su relación.

Debes aprender a confiar

La confianza, la honestidad y el compromiso suelen ser los más importantes en todas las relaciones. Esto se amplifica en las relaciones a distancia, donde tu pareja tiene la privacidad de la distancia y la libertad de divertirse sin ti.

Con esto en mente, uno puede ponerse celoso o enojado rápidamente. Debes conocer y superar este tipo de inseguridades para que tu relación prospere. Como resultado, puede encontrar que aprender honestidad y confianza puede ser muy gratificante.

Puedes mantener la mayor parte de tu independencia

Una de las mejores cosas de una relación a larga distancia es que obtienes algunos de los beneficios de estar en una relación sin tener que sacrificar tu independencia.

. . .

Creo que a cualquier relación le vendría bien un poco de espacio de vez en cuando, especialmente si la pareja está constantemente cerca el uno del otro. Eso podría significar tomarse un tiempo para salir con amigos o solo para tener algo de tiempo para uno mismo. El tiempo separados evitará que su pareja los asfixie y aumentará su aprecio por ellos. Es fácil olvidar lo importante que es alguien o algo para ti cuando siempre lo tienes. Perder a esta persona o cosa te recuerda. Por ejemplo, no considera cuánto le gusta poder respirar hasta que se resfría o cuánto depende de la electricidad hasta que se va la luz.

Liberarte de lo que amas te obliga a ser más independiente y, al mismo tiempo, aumenta tu aprecio.

Te conviertes en un experto en comunicación

Estar en una relación a larga distancia obliga a una pareja a depender en gran medida de la comunicación. La comunicación es fundamental en todo tipo de relación. Aun así, cuando tiene que programar horarios para comunicarse y hacer compromisos para estar allí, listo para hablar con tu pareja, la comunicación se vuelve aún más importante para ti. La comunicación no solo gana valor para ti, sino que su competencia aumenta cuando no puedes comunicarte en persona. Expresar sus pensamientos y sentimientos sin estar en el mismo espacio físico que alguien es más complicado.

Por lo tanto, cuanto más practique comunicarse con esta discapacidad, mejor se comunicará en general.

Encuentra formas creativas de mantener cálida tu vida sexual

No tener la capacidad de tener relaciones sexuales físicas con tu pareja puede doler un poco, pero abre la puerta a nuevas oportunidades sexuales. Cualquier cosa, desde pruebas sexys a través de alguna videollamada hasta ver a tu pareja duchándose o masturbándose al mismo tiempo. Enviar imágenes arriesgadas también puede hacer muchas maravillas, así como sextear.

Si bien estas actividades pueden no ser tan buenas como tener algo real, privarte de ellas hace que las anheles aún más, por lo que una vez que finalmente se reúnan, tú y tu pareja la pasarán de maravilla.

Puedes explorar nuevos lugares juntos

Si eres una persona a la que le encanta viajar, esta es una gran ventaja. Visitar a tu pareja donde vive te permite explorar el entorno en el que vive. Puedes ir a los lugares favoritos de tu pareja y a las áreas emocionantes alrededor de donde vive.

Además, a veces es más conveniente encontrarse a mitad de camino si tú y tu pareja viven a una gran distancia el uno del otro. Conocer a tu pareja en un lugar con el que ambos no están familiarizados no sólo es divertido, sino que permite el crecimiento de tu relación a medida que exploran nuevas áreas juntos.

Te ves obligado a tomar decisiones difíciles, pero finalmente gratificantes

La decisión de comprometerte completamente con tu pareja es un factor importante para determinar si su relación funcionará. En algunos casos, el compromiso puede llegar a ser forzado. El compromiso forzado ocurre más a menudo en las relaciones convencionales cuando un lado de la parte está más comprometido en la relación. El lado opuesto a veces puede ser arrastrado para evitar herir los sentimientos de alguien. Cuando hay distancia entre tú y tu pareja, se vuelve más fácil decidir comprometerse por sí mismo. La clave del éxito es que ambas partes decidan plenamente comprometerse por su propia voluntad.

13

Lidiar Con El Rechazo En Las Citas Y Las Relaciones

Toda persona tiene el deseo natural de pertenecer y esta necesidad se satisface mejor cuando se es capaz de crear, desarrollar y mantener relaciones profundas con otra persona, ya sea novio, novia, cónyuge, pareja o compañero de por vida. Tener a alguien especial en tu vida puede ser uno de los sentimientos más gratificantes que puedes tener.

Tienes a alguien en quien confiar, para corresponder tu amor y, para algunos, incluso definir su propósito en la vida.

Por otro lado, el rechazo de estas relaciones puede ser uno de los sentimientos más dolorosos que una persona puede tener probablemente en toda su vida. Hay diferentes tipos de rechazos relacionados con las relaciones. Puede ser el de una persona que intenta ser aceptada por alguien a quien ama pero es rechazado. Puede ser durante una relación y por una u otra razón; te separas o te separas.

Estos son diferentes escenarios y cada uno tendrá diferentes reacciones al rechazo. Aquí hay algunos pasos para ayudarte a superar el rechazo cuando te sucede a ti:

- Reconocer las etapas del rechazo en términos de pérdida
- Aléjate de ser la víctima
- Evalúa las razones de tu pareja
- Ser cívico
- Intentar otra vez

El rechazo de tu pareja se siente muy similar a la pérdida porque realmente estás perdiendo a alguien que amas.

Cuando esto sucede es normal que sientas etapas similares a las de aquellas personas que han perdido a su ser querido ya sea por la distancia, la separación, la muerte u otras circunstancias. Las etapas y los sentimientos que puede esperar encontrar son la negación, la ira, la negociación, la depresión y la aceptación.

Durante la etapa de negación, ni siquiera creerás que fuiste rechazado. Cuando empieces a darte cuenta de que el rechazo está sucediendo o ya sucedió, entonces sentirás ira, ya sea hacia ti mismo, tu pareja u otras personas. Para salvar la relación, comenzarás a regatear, dirás que estás dispuesto a rendirte o ceder ante ciertas expectativas.

La tristeza o la soledad aparecen cuando ya no puedes reconstruir la relación y comienzas a sentirte deprimido.

Finalmente, en tu soledad, tú comienzas a introspeccionar, sanar y finalmente aceptar o en este caso superar el rechazo.

Ten en cuenta que estas etapas no son necesariamente de naturaleza cronológica. Dependiendo de tu personalidad, puedes saltarte una etapa y ganar aceptación antes en comparación con otras personas. También puedes fusionar una etapa con otra y sentir dos o más emociones a la vez.

No hay un marco de tiempo para estas etapas; algunos podrán pasar por el proceso en unos pocos meses, mientras que otros tardarán años. Es posible que algunos ni siquiera se recuperen del rechazo. Conocer estas etapas te ayudará a estar preparado cuando sientas estas emociones. Sabrás que con el tiempo sanarás.

Una de las respuestas más comunes ante el rechazo de un amante es el sentimiento de víctima. Sentirás que te pasa algo, que te ha pasado algo injusto o que el rechazo es algo que no te mereces. Nuevamente, estos son sentimientos normales, especialmente durante los momentos inmediatos posteriores al rechazo. Sin embargo, estos sentimientos se vuelven peligrosos cuando se sienten de manera prolongada. Cuando ya no puedes llevar una vida normal debido a estos sentimientos, necesitas ayuda profesional para superarlos.

Si bien puede ser lo último en lo que piensas, también debes considerar las razones por las que tu ex pareja te rechazó. Evalúa las razones y, cuando las consideres verdaderas o válidas, utilízalas para mejorar tus habilidades sociales y otras características. En ocasiones, tu ex pareja no siempre te dará la razón, cuando esto suceda evita ponerle palabras en la boca. No intentes sobreanalizar y hacer suposiciones.

Puede ser difícil al principio, pero puedes avanzar más pronto cuando elige ser civilizado con tu ex pareja. Cuanto más te alejes, mayor será la posibilidad de que conserves sentimientos de desprecio, tristeza u otros sentimientos negativos. En su lugar, elige seguir adelante normalizando tu relación con ellos de una manera no romántica pero amistosa.

Por supuesto, la mejor manera de superar el rechazo de una relación es no solo seguir adelante, sino también intentarlo de nuevo. Cuando estés listo, ábrete de nuevo a la posibilidad del amor. Nunca uses viejas experiencias para que no te impidan crecer, buscar nuevas relaciones y tal vez incluso encontrar a la persona que sea mejor para ti. Recuperarte del rechazo en las relaciones es una combinación de saber más sobre ti mismo, para que puedas mejorar para la próxima relación.

¿Cómo superar el rechazo en una relación?

1. Revisar la herida

Lo primero que debes hacer, aunque duela, es quitar la venda improvisada y revisar la verdadera dimensión de tu herida . ¿Qué fue lo que en verdad perdiste? Es importante que respondas a esa pregunta con la mayor honestidad. A veces no perdemos el gran amor de nuestra vida, como lo creemos, sino una serie de ilusiones y expectativas que habíamos puesto en esa relación.

También es posible que lo más doloroso no sea la pérdida en sí. En ocasiones, duele más el ego. Quizás traemos de tiempo atrás una cierta duda sobre nuestro valor, con nuestro amor propio ya herido. La pérdida no hace más que mostrarnos esa realidad sin anestesia. Para superar un rechazo amoroso debemos desglosar lo que en verdad estaba comprometido allí.

2. Exprésate por todos los medios posibles

Los sentimientos que no se expresan suelen convertirse en fuentes de malestar. Muy especialmente cuando se trata de sentimientos negativos. Por eso hay que abrir todos los canales posibles para manifestarlos.

. . .

Esos canales son muchos, no solo el de hablar una y otra vez acerca de lo ocurrido. Se puede escribir, por ejemplo.

Cuantas veces sea necesario. Se puede pintar ese dolor.

También, incluso, se puede bailar. Todo aquello que permita sacar fuera esos sentimientos resulta válido para superar un rechazo amoroso.

Sin embargo, hemos de tener en cuenta que la expresión de nuestro dolor tiene un tope. Se recomienda sacar ese dolor, expresarlo, pero sin alargarlo demasiado en el tiempo. Esto podría provocar reavivar una y otra vez el dolor. Popularmente solemos decir, "echar más leña al fuego". Es importante distinguir entre desahogarnos y regocijarnos en ese dolor. Y hay una fina línea que los separa y debemos tener cuidado.

3. Gestionar el enfoque

Debido al impacto psicológico de la pérdida, lo usual es que el pensamiento se llene de un manto sombrío. Sin darte cuenta, comienzas a fijarte solamente en los aspectos más negativos de todo. Eliges sin quererlo las interpretaciones más dolorosas de los hechos y te enfocas en todo lo malo que hay en el mundo.

. . .

Es importante que no te dejes llevar por esto. Lo que debes hacer es reenfocar tu atención de una manera que sea más constructiva para ti. No permitas que el dolor invada todo tu ser, porque se trata de un camino que no te conduce sino a la amargura. Esfuérzate por traer pensamientos positivos a tu mente. Empeña tu voluntad en apreciar todo lo bueno que aún queda. Esto será de gran ayuda para superar un rechazo amoroso.

4. Libérate de los pensamientos estereotipados

La cultura insiste en que una pérdida o un fracaso son totalmente indeseables. Está totalmente probado que esto no es cierto. Primero, porque tales situaciones son inevitables.

Todos los seres humanos pasamos por ahí. Y segundo, porque no hay mayor oportunidad para crecer que las experiencias difíciles.

Realmente el problema no es la pérdida sino nuestra forma de afrontar esta pérdida. Hay quien lo afronta mejor y quien lo afronta peor. Esto nos debe hacer pensar que no hay una única forma de asumir un problema. Sino que podemos elegir (aunque nos cueste creerlo) la forma de relacionarnos con el problema en sí.

Un rechazo amoroso no es el fin del mundo. Así haya telenovelas y canciones que lo digan. Todo lo contrario.

Todo final también marca un comienzo. Sucede lo que debe suceder. Y siempre es positivo, si tú quieres que así lo sea.

5. Evita las rumiaciones

Es muy seguro que cuando enfrentamos un rechazo amoroso aparezcan pensamientos repetitivos y recurrentes asociados a nuestra valía personal y a las causas del rechazo.

Por lo tanto, es muy importante aprender a evitar estos pensamientos o rumiaciones y concentrarnos en fortalecer nuestra autoestima.

Repetirnos constantemente ideas como "no merezco que nadie me ame" o "¿Qué es lo que hago para recibir este rechazo?" hacen que nos culpemos injustamente por una situación que está fuera de nuestro control y que nada tiene que ver con aquello que somos como personas.

6. Aprovecha para hacer cambios en tu vida

Si sientes que no puedes seguir viviendo así, magnífico.

Es hora de que te enfoques al cambio. No pienses en la persona que perdiste, sino en los demás aspectos de tu vida.

. . .

Siempre hay algo que desechar, siempre hay algo que emprender. Concéntrate en eso.

Nada mejor para superar un rechazo amoroso que introducir novedades. Aprender algo nuevo siempre es una excelente alternativa. Es una actividad que ocupa tu mente y que te levanta la mirada para que la enfoques en nuevos horizontes. También es aconsejable comenzar a frecuentar nuevos círculos sociales o empeñarte en introducir nuevos hábitos.

Debes ser consciente de que nada de lo que hagas va a quitarte el dolor automáticamente. Las heridas del corazón siempre exigen tiempo. No te apresures. Tolera el sufrimiento y piensa que este también ayuda a crecer. Alimenta la esperanza y no caigas en el aislamiento, ni en el victimismo. Confía en que todo va a salir bien, ¿acaso no te has levantado ya otras veces?

La familia

Uno de los supuestos baluartes del cuidado, el amor y la aceptación incondicionales es la familia. Este es el lugar donde un niño crece, un adolescente encuentra su identidad y un adulto se convierte en padre. El ambiente familiar hace posible todo este crecimiento por el poder de aceptación total por parte de los miembros de la familia.

La familia es el refugio de una persona, el único lugar donde puedes sentir que perteneces, donde puedes sentirte aceptado pase lo que pase y el último lugar donde puede esperarse el rechazo.

Sin embargo, lo cierto es que la situación familiar es una de las primeras situaciones en las que una persona puede sentirse rechazada. Ya en la niñez y tan tarde como en la edad adulta, puede ocurrir el rechazo. La dificultad de lidiar con el rechazo de la propia familia tiene que ver con dos cosas. En primer lugar, por la sorpresa o conmoción que sienten quienes son sorprendidos ante la ocurrencia del rechazo en la familia.

En segundo lugar porque el rechazo, cuando ocurre en la familia especialmente durante los años de formación de la persona rechazada, la tendencia es a perpetuar el rechazo o a convertirse en víctima de él a largo plazo. Los estudios prueban esta tendencia. Por ejemplo, un niño que es rechazado por un padre tendrá la tendencia de rechazar a sus propios hijos cuando se conviertan en padres. Cuando una esposa se divorcia de su esposo, hay una tendencia a dudar y sospechar de futuras parejas debido a experiencias previas.

Hay otros escenarios que apuntan a un círculo vicioso provocado por el rechazo.

. . .

Algunas de las situaciones más comunes en las que se produce el rechazo están estas:

- Un niño rechazado por un padre, como el abandono.
- Un padre rechazado por un hijo, como la rebelión.
- Un hermano a otro hermano, como aquellos causado por la rivalidad
- Un adulto por otro adulto, como divorcio o separación
- Toda una rama familiar que rechaza a un individuo. o un grupo, como ser condenado al ostracismo.

Independientemente de las personas involucradas, el rechazo en la familia se puede superar a través de los siguientes pasos:

- Identificar las señales de rechazo
- Verbalización del sentimiento de rechazo
- Encontrar las causas
- Aceptar la situación
- Resolución del rechazo
- Separación si es necesario
- Creación de una nueva familia.

Identificar las señales de rechazo implica comprender las señales de rechazo. Ten en cuenta que el rechazo puede venir de diferentes maneras y puede expresarse de diferentes maneras. De hecho, la mayoría de los rechazos que ocurren en la familia no comienzan con un rechazo verbalizado. Incluso antes de que escuches "No" o "No te quiero", recibirás mensajes no verbales que pueden indicar no solo un rechazo inminente sino también que estás siendo rechazado.

Por ejemplo, si tu eres una esposa y ves que tu esposo se está alejando físicamente de ti, entonces esto puede ser una situación subyacente de rechazo. A veces, el rechazo puede ser tan encubierto o sutil que a menudo se confunde con otra cosa que no sea el rechazo mismo. Por ejemplo, si tu eres un niño que solo recibe apoyo financiero de sus padres y recibe poca o casi ninguna atención física o respuesta emocional, estas distancias pueden significar rechazo. Debes prestar atención a los cambios drásticos o graduales en el comportamiento de los miembros de tu familia para determinar el posible rechazo.

Cuando tengas estas suposiciones, lo mejor que puedes hacer es confirmar si son verdaderas o infundadas. Nunca permitas que estas conjeturas se queden así, ya sea que se confirmen o no. No puedes vivir tu vida con estos pensamientos. Esto significa que necesitas verbalizar tus sentimientos. Encuentra el coraje para preguntarle directamente a tu familiar. No comiences tu oración con una postura acusatoria; no preguntes "¿Por qué me rechazas?"

En cambio, puedes verbalizar tus sentimientos de esta manera: "Me siento rechazado por ti en este momento, si tengo razón, házmelo saber". Es posible que descubras que no hay rechazo que superar en absoluto.

Sin embargo, si confirmas que hay rechazo, debes darte tiempo para pensar en las causas. ¿Es algo que hiciste? ¿Es algo que hizo su familiar? ¿Es una situación dentro o fuera de la familia? ¿Es algo que puedes cambiar? ¿O tu familia puede cambiar? El factor más importante aquí es mantener abiertas las líneas de comunicación. En lugar de dejar que la idea se encuentre entre ustedes manteniéndola dentro de tus pensamientos, ventílala abiertamente. Solo en esta situación puede comenzar la curación.

Mientras encuentras las causas del rechazo, debes aceptar la situación. Nada bueno puede salir de la negación y cuanto antes aceptes que estás siendo rechazado por un miembro de tu familia; cuanto antes puedas tomar medidas para superarlo. Negar también puede tomar varias formas; puede haber instancias en las que estés en negación sin siquiera saberlo. Por ejemplo, puedes seguir poniendo excusas por las acciones de tu familia para encubrir el hecho de que la distancia se está acumulando entre tu y ellos.

Una vez que hayas realizado estos pasos, puedes comenzar a resolver las causas del rechazo.

. . .

Puedes acercarte a ellos, buscar o dar perdón o cualquier otra solución que aborde la causa principal del rechazo en primer lugar. Puedes comenzar a usar las técnicas compartidas contigo en la Parte 1 de este libro para ayudarte a superar el rechazo. Por ejemplo, puedes mantener pensamientos positivos que te ayuden a superar tu situación. También puedes buscar la ayuda de otros, como otros familiares para que te ayuden en el camino.

Sin embargo, también debes aceptar que hay ciertas situaciones en las que la causa del rechazo no se puede resolver. Para que superes el rechazo, tienes que dejar que la situación siga su curso. Por ejemplo, es posible que debas separarte temporalmente de tu familia y de tu hogar.

Encuentra otro lugar para quedarte, ve con un familiar o un amigo. Dale a ti y a tu familia tiempo para reflexionar. Es posible que superar el rechazo no se haga de la noche a la mañana, pero tal vez, en unas pocas semanas, tendrá tiempo para estar solo y considerar todas las opciones.

Tu familia no te define, pero solo tú puedes afirmar y mantener tu autoestima. Aunque tu pareja, tu familia o allegados no te acepten, la primera persona en aceptarte eres tú mismo.

. . .

Responsabilidad Afectiva y Dónde Encontrarla

Cuando hayas considerado todas las opciones y hayas hecho todo lo posible pero aun así seas rechazado, entonces puede ser el momento de despedirte del familiar que te rechazó.

Encuentra el apoyo de tus amigos más cercanos o de tu familia extendida. Recuerda, tú eres tu propia persona. En caso de que la situación no se resuelva por sí sola y seas rechazado por tu propia familia, entonces la tarea final que debes hacer es crear tu propia familia.

14

Autoestima Y La Conversación Propia

Te has estado criticando a ti misma durante años y no ha funcionado. Intenta aprobarte a ti misma y verás qué pasa.

La autoestima crece cuando aprendes a dejar de escuchar a la voz interna negativa que te impide creer en ti mismo.

Hablo mucho conmigo misma. La conversación suele ser un diálogo entre el yo que amo y el yo que quiere derribarme. A lo largo de los años, he aprendido a prestar mucha menos atención a estas últimas porque suelen ser noticias falsas.

Cuando cometo un error, en lugar de dejar que esa voz negativa me diga que soy un fracaso, escucho la voz más positiva para poder poner las cosas en una mejor perspectiva.

. . .

Si siento dudas acercándose, en lugar de caer en espiral en el monólogo 'soy un inútil', me recuerdo a mí misma mis puntos fuertes. Cuando me siento deprimido, evito lamer mis heridas emocionales y recuerdo algunas de las cosas que he logrado en mi vida. Este tipo de diálogo interno me ayuda a aumentar mi confianza y la creencia en mis habilidades, llenándome de un nivel saludable de autoestima. Es algo que he aprendido a aplicar sin importar las circunstancias y se podría decir que mi voz interior es mi mejor amiga.

Todos participamos en el diálogo con nosotros mismos, aunque muchos de nosotros estamos atrapados en el patrón de tener una conversación negativa con alguien que piensa lo peor de nosotros. Esta voz interna negativa es experta en señalar debilidades, fallas e imperfecciones, y lo hace todo el tiempo. Como mujeres, somos maestras de este hábito y somos las primeras en criticarnos o juzgarnos. Lo hacemos tan bien que no necesitamos escucharlo de nadie más. He aquí un buen ejemplo: alguien te hace un cumplido hoy diciéndote qué bien te ves con tu vestido nuevo. ¿A qué te dedicas? En lugar de decir "Gracias" y dejarlo así, es más probable que respondas con algo como "Gracias, pero ¿piensas que está demasiado apretado?" o "gracias, pero me siento tan gorda". La incapacidad de aceptar un cumplido con gracia no es tu forma de buscar halagos. Estás diciéndote a ti mismo que no mereces el cumplido y que preferirías conformarte con un comentario negativo.

. . .

Responsabilidad Afectiva y Dónde Encontrarla

La mayoría de nuestras interacciones se basan en cómo nos sentimos acerca de nosotros mismos y si resumas confianza en ti mismo, recibirás elogios o comentarios positivos con calma. Pero si careces de ese sentido de valía, estarás constantemente diciéndote a ti mismo que eres demasiado gorda, demasiado baja, demasiado vieja, demasiado joven o demasiado, y ninguna cantidad de palabras bien intencionadas te hará creer lo contrario. Tu crítico interior gobierna y cuando te dice que eres demasiado, te lo crees.

¿De dónde viene todo este diálogo interno negativo y cómo puedes superarlo? Esas son las preguntas esenciales de las que quiero hablar en este capítulo porque lo que te dices a ti mismo está directamente relacionado con tu sentido de la autoestima. Si la autoestima es la capacidad de sentirnos bien con nosotros mismos, entonces el diálogo interno negativo es una flecha tóxica que apunta a sabotear ese sentimiento. Quiere reventar tu burbuja y se las arregla para hacerlo bastante bien la mayor parte del tiempo.

Hay muchas, muchas razones por las que puedes carecer de autoestima, algunas de las cuales se remontan a la forma en que fuiste criada. Es posible que hayas tenido padres muy exigentes que nunca estuvieron satisfechos con tu comportamiento o desempeño académico, dejándote sintiéndote inadecuado. Pudiste haber tenido maestros negligentes que no te animaron ni te ayudaron a desarrollar confianza en ti mismo.

· · ·

Tal vez sufriste una experiencia traumática o fuiste víctima de abuso, dejándote sintiéndote impotente e incapaz de controlar tu vida. Incluso si creciste en una familia muy cariñosa, tu autoestima podría haber recibido un golpe después de un evento en particular mucho más tarde en la vida, como reprobar algunos exámenes importantes o perder tu trabajo. Es posible que hayas estado involucrado en una relación romántica que te dejó sintiéndote rechazado o utilizado después de que terminó.

Como digo, hay un número infinito de variables que podrían haber contribuido a la forma en que te sientes contigo mismo hoy. Será útil si te tomas un tiempo para que pienses en cualquier cosa que sientas que ha moldeado tu nivel de autoestima y confianza a medida que crecías.

Probablemente ya tengas una buena idea, pero si no es así, trabaja con cuidado y si surge algo que no puedes manejar en este momento, también está bien. Este proceso puede tomar algún tiempo, pero es esencial si finalmente deseas deshacerte de cualquier equipaje de tu pasado que esté lastrando tu presente y futuro.

La mayoría de los expertos están de acuerdo en que aproximadamente la mitad de nuestra personalidad proviene de nuestro acervo genético y las experiencias de vida ayudan a dar forma a la otra mitad.

. . .

Esto significa que al menos el 50% de lo que eres es flexible y puede verse afectado por la forma en que manejas la vida.

Básicamente, comienzas con una etiqueta de ti mismo como "soy el débil de la familia" y luego trabajas para encajar tus experiencias en ese molde. Esto se debe a que tu cerebro funciona mejor cuando puedes organizar todo en cajas claramente definidas, de modo que cuanto más te digas a ti mismo que eres débil, más buscarás reforzar ese hecho. Por supuesto, funciona en ambos sentidos. Si te aclaman constantemente como "el niño brillante", entonces tu cerebro tratará de justificar esa etiqueta siempre que pueda.

Estoy seguro de que puedes recordar muy claramente un comentario negativo que se hizo sobre ti hace diez años, pero te resulta muy difícil recordar algo positivo que escuchaste en un escenario similar.

Sin duda, cuando tu primer novio te dijo que estabas gorda, ese comentario quedó grabado en tu memoria, mientras que no recuerdas que tu segundo novio te haya dicho que le encanta lo curvilínea que eres. Esto tiene que ver con una cosa llamada sesgo negativo y si fuéramos más conscientes de ello, podríamos hacer nuestras vidas mucho más fáciles.

. . .

Cuando te encuentras obsesionado con un comentario mal dicho por un amigo o sigues repasando una y otra vez tus errores en tu cabeza, es porque los eventos negativos impactan nuestro cerebro más que los positivos.

El término elegante para esto es asimetría positiva-negativa, lo que básicamente significa que tendemos a detenernos más en lo malo que en lo bueno. Esto explica por qué a muchas personas les resulta tan difícil superar traumas pasados u olvidar experiencias desagradables.

Es un rasgo humano, así que no tienes que sentirte mal por ello, pero es reconfortante saber que podemos trabajar para darle la vuelta y centrarnos más en las experiencias positivas que en las negativas. Todo comienza cuando prestamos demasiada atención a estos fragmentos de sonido negativos, en lugar de ponerlos en un contexto realista y saludable.

Tu sabes que el sesgo negativo está controlando tu vida cuando puedes identificarte con los siguientes ejemplos:

- Se suponía que debías recoger la tintorería de tu pareja de camino a casa, pero lo olvidaste. Te sientes terrible y recuerdas lo poco confiable que eres y te preguntas qué ve en ti.
- Tienes un problema con tu mejor amiga y luego repasas todos sus defectos, en vez de centrarte en sus cualidades positivas y recordando lo mucho

que ella significa para ti.
- Recibes tu evaluación laboral anual y, aunque en general es excelente, hay uno o dos comentarios sobre las áreas en las que necesitas trabajar. Te obsesionas con esos comentarios y te vas a casa sintiéndote molesto y desinflado.
- Tu entrenador personal te dice que necesitas trabajar más tus abdominales. Tomas esto como que eres imperfecto, fofo y nunca vas a tener ese fabuloso cuerpo de playa, no importa lo mucho que te esfuerces.

¿Alguna de esas respuestas te suena familiar? No es de extrañar si lo hacen, porque estamos conectados de esa manera. Desde los días en que teníamos que estar en un estado de alerta constante en un mundo lleno de amenazas, nos hemos acostumbrado a prestar atención a las señales de advertencia para garantizar la supervivencia. Es solo la forma en que el cerebro se asegura de que estemos a salvo y, aunque ya no necesitamos tener ese sentido elevado de conciencia, los viejos hábitos son difíciles de morir. El problema es que concentrarse en los aspectos negativos puede afectar seriamente su estado mental, bienestar, relaciones y capacidad para tomar decisiones.

No vamos a deshacernos de ese sesgo negativo, pero lo que podemos hacer es apagar esa voz interior cuando comienza a funcionar a toda marcha.

. . .

La verdad es que eres lo que crees que eres y si te ves a ti mismo a través de una lente negativa, esa es exactamente la persona en la que te convertirás. Por otro lado, al adoptar un diálogo interno positivo, puede comenzar a desarrollar una mejor imagen de ti mismo, establecer conexiones más saludables y disfrutar más de la vida. No se trata de crear una imagen fantástica y poco realista de ti mismo. Se trata de la autoaceptación, la autoestima, y el amor propio, y puedes comenzar usando las siguientes estrategias:

Cambia la narrativa

Esto requiere algo de práctica y no es fácil, porque estarás tan acostumbrado a escuchar esa charla hostil en tu cabeza cada vez que hagas o digas algo. Cada vez que ocurra un evento, automáticamente comenzarás a recordar lo que sucedió y desearás haber dicho esto o hecho aquello. Tan pronto como te des cuenta de que vas por ese agujero de conejo, simplemente detente. No puedes cambiar el pasado que se ha ido, así que concéntrate en cómo manejarías la misma situación en el futuro. He aquí un ejemplo de lo que quiero decir:

Había invitado a algunos amigos a una noche mexicana y quería mostrar mis habilidades culinarias. Desafortunadamente, agregué demasiado chile en polvo a la carne, por lo que nadie pudo comerla. Por supuesto, todos se rieron de buena gana y dijeron que no era gran cosa.

Esto podría haber sido de dos maneras: o inmediatamente me digo a mí misma que soy descuidada, desconsiderada y que soy una cocinera extremadamente mala o me río de eso y tomo nota mental para aliviar el chile en polvo la próxima vez. Si sigo el primer camino de castigarme a mí misma, esto reforzaría mis creencias existentes de que soy descuidada y me haría pensar dos veces antes de organizar un evento así nuevamente. Terminaré diciéndome a mí misma que soy incapaz y esto tendrá efectos duraderos en el éxito que tendré cuando enfrente un desafío futuro.

¿Un poco exagerada? Estoy de acuerdo, pero así es como funciona nuestro pensamiento negativo. Une todos los puntos y finalmente controla lo que haces o no haces en la vida, afectando tu sentido de autoestima y tus relaciones.

Teniendo eso en cuenta, ¡prefiero reírme y tal vez hacer comida italiana la próxima vez!

Contar una historia positiva

La forma en que describes tu vida y quién eres dice mucho sobre cómo moldeas esa percepción de ti mismo. Cuando te sucede algo 'malo', tu voz interior puede comenzar a decirte que todo es culpa tuya o que tú mismo te lo buscaste.

. . .

No escuches eso; la mayoría de las cosas en la vida están fuera de nuestro control y es la forma en que reaccionamos ante ellas lo que importa, no quién tiene la culpa. La gente que mira el lado positivo, tienen una forma mucho más saludable de lidiar con la desgracia o los percances y aprenderán de cualquier error. Se enfocan en volver a encarrilarse y no se sientan pensando en lo que salió mal, sino que se concentran en hacer las cosas bien. Dale a tu historia un final feliz también en lugar de que sea todo pesimismo, porque así es exactamente como te sentirás.

Deja de pensar y empieza a hacer

Cada vez que estamos físicamente inactivos, nuestro cerebro comienza a tomar el control. Encuentra todo este espacio vacío para llenar por lo que, siendo un cerebro, quiere hacerse útil. Si te encuentras pensando en el pasado o preocupándote por el futuro, entonces necesitas hacer algo en el presente. En lugar de crear oportunidades para que surjan pensamientos negativos, has algo activo y participa plenamente en eso. Puede ser cualquier cosa, desde dar un paseo hasta ir al centro comercial local. Haz lo que sea necesario para desconectarte del diálogo negativo y verás los beneficios de inmediato. La actividad física de cualquier tipo hace que tu cerebro se concentre en otras funciones, permitiéndote relajarte y tener un poco de paz del constante crítico interno dentro de ti.

Responsabilidad Afectiva y Dónde Encontrarla

. . .

Apreciar el momento presente

Puede que estés cansado de todo el bombo sobre la atención plena, pero hay una razón por la que es tan eficaz.

¿Recuerdas lo que dije sobre los recuerdos negativos que se quedan con nosotros más tiempo que los positivos? Lo que debes hacer es restablecer ese equilibrio para que tu cerebro se acostumbre a experiencias más positivas, que eventualmente superarán a las negativas. No puedes cambiar lo que sucedió en el pasado, pero ciertamente puedes tomar el control de tu presente, y esa es una gran oportunidad para captar esas vibraciones positivas. A medida que comiences a abastecer tu memoria a largo plazo con recuerdos placenteros, las cosas malas eventualmente perderán su posición en el orden jerárquico. Sabemos que si te tomas un momento para disfrutar de algo en el ahora y lo repites varias veces en tu mente, se incrustará en tu memoria a largo plazo y ese es un recurso maravilloso para los momentos en que tu autoestima es baja.

Hay un área en tu cerebro que está dedicada al pensamiento negativo llamada corteza cingulada anterior y es muy crítica. Es la parte responsable de tus reacciones emocionales y ha sido construida de esta forma para responder eficazmente a las necesidades de los demás.

. . .

Algunas investigaciones sugieren que, como mujer, esta área de tu cerebro es un poco más grande que la de un hombre, lo que significa que vienes equipada con un superpoder adicional por diseño; mayor sensibilidad emocional. Esto podría ser una bendición o una maldición, según tu punto de vista. En general, las diferencias entre el cerebro de un hombre y el de una mujer son microscópicamente diminutas, así que no quiero insistir en que el género y la biología marcan una gran diferencia aquí. Basta decir que si las mujeres tendemos a reaccionar más emocionalmente que los hombres, esto podría ser una característica biológica y también podría estar relacionado con varios otros factores, como la educación, el carácter y, por supuesto, el condicionamiento social.

Lo que puedo decir con certeza es que cuando tu crítico interno constantemente te llama estúpido, poco atractivo, profundamente defectuoso y desagradable, eso causa mucha ansiedad y afecta seriamente tus niveles de estrés. Si esa voz negativa siempre señala defectos y fallas percibidos, descarta tus logros y te llena la cabeza de odio hacia ti mismo, no es de extrañar que te sientas estresado, emocionalmente decaído o incluso deprimido.

Todos los sentimientos negativos que alguna vez has tenido sobre ti mismo son perpetuados por el mito que tus pensamientos han creado en torno a tus capacidades y potencial.

. . .

No tienes la culpa de eso, y la crítica no es mi intención. Lo que puedes hacer es comenzar a amarte a ti mismo e introducir un diálogo interno que sea compasivo, alentador, amable y afectuoso. Piensa en cómo hablas con tus seres queridos: así es como deberías hablarte a ti mismo. ¿Los castigas por sus errores, haces comentarios desalentadores, sigues sacando a la luz sus fracasos pasados y los haces sentir culpables, avergonzados o enojados? Estoy seguro de que tu respuesta es un rotundo 'NO', entonces, ¿por qué te haces eso a ti mismo? Piénsalo.

Desafía a tu crítico interior

Una de las mejores formas de empezar a hablarte a ti mismo con amor propio es desafiar a tu crítico interior. Puedes hacer esto dándole un nombre o refiriéndose a él como una tercera persona. Cuando dejas de referirte a él como 'yo', te desvinculas de lo que dice y comienza a perder su poder.

Llámalo como quieras, pero colócalo de modo que no seas tú quien hable, sino una tercera persona. Aquí hay un ejemplo en vez de decir: "siempre elijo al tipo equivocado" (una auto queja común), reformula eso en "el crítico interno dice que siempre elijo al tipo equivocado".

. . .

Esta declaración se convierte entonces en una opinión, no tu opinión, sino la de otra persona, y te da la oportunidad de reflexionar sobre ella y estar de acuerdo o en desacuerdo.

No tienes que creerlo.

Otro ejemplo puede ser cuando tus pensamientos te dicen: "Nunca tendré éxito en mi carrera, nunca aprobaré ese examen, nunca encontraré novio", o lo que sea... No dejes que esos pensamientos sean escritos en piedra, tu crítico interno no está en control de tu vida, tú lo estás. Simplemente deja pasar esos pensamientos con una respuesta como: "Oh, ahí va mi crítico interno otra vez hablando". Si puedes aprender a dejar que hable sin prestarle demasiada atención, pronto te darás cuenta de que no tiene tanta influencia sobre ti.

Entra con un fuerte contraataque cada vez que escuches ese tipo de comentarios desalentadores con palabras como.

"Oye, puedo hacer esto, soy capaz, soy digno". Si quieres darle un nombre a tu crítico interior, siéntete libre. El mío se llama Mosquito; ella revolotea alrededor de mi cabeza, de manera molesta, y la aparto cada vez que comienza a molestarme realmente.

. . .

Debo admitir que no la veo tanto como antes, pero cuando la siento zumbando en mi oído, estoy más que lista para lidiar con su pequeña charla negativa.

En las ocasiones en que temo haber tomado una mala decisión o me siento culpable por cómo traté a alguien, aparece Mosquito, siempre dispuesto a expresar su opinión.

Inmediatamente pienso en mis palabras y acciones y si llego a la conclusión de que efectivamente he cometido algún tipo de error o realmente he causado angustia a alguien, busco la manera de arreglarlo en lugar de internalizarlo. No quiero ser una persona mala y triste porque no es bueno para mí.

No creo que quieras ponerte en esa posición tampoco, y ahora no hay necesidad de hacerlo.

Verdad versus ficción

Sé que has crecido creyendo que eres así o así porque alguien te lo ha dicho y tú le creíste. Es hora de aprender a separar la verdad de la ficción porque cuando vives de acuerdo a cómo te ven los demás, no estás siendo sincero contigo mismo.

. . .

Las palabras son solo palabras, ya sea que provengan de una fuente externa o interna. Las opiniones de otras personas sobre ti son solo esas opiniones, y no necesitas aceptarlas como un evangelio. Cuando las palabras son internas, representan nuestras creencias pero no son hechos. Solo hay que pensar en alguien con un trastorno alimentario que ve a una persona obesa cuando se mira en el espejo, aunque su cuerpo tenga un peso peligrosamente bajo. Este tipo de mecanismo de creencias distorsionadas es extremadamente dañino y puede causarte mucha angustia mental, emocional y física.

Al desactivar los pensamientos inútiles que intentan convencerte de que algo es cierto, podrás tener más claridad sobre quién eres realmente. Hay una gran diferencia entre pensar 'Soy estúpido' y pensar 'Mi crítico interno dice que soy estúpido'. El primero es casi como un reflejo o un mal hábito, y el segundo es el resultado de que te distancias de las capas superficiales que se han ido acumulando durante tanto tiempo. Créeme que no eres estúpido, así que deja de creer que lo eres.

¿Amigo o enemigo?

Tu voz interior no siempre está trabajando en tu contra. Es la parte de tu cerebro que te alerta del peligro y te dice que algo no anda bien en tu entorno.

· · ·

El problema surge cuando no tienes una vara de medir con la que medir cuándo te está protegiendo y cuándo es el crítico interno el que interviene para causar un sufrimiento innecesario. Una manera fácil de abordar esto es detenerse cada vez que suceda y preguntarse: ¿Es esta una persona con la que me gustaría pasar el rato o es alguien que me está haciendo la vida imposible? El crítico interno es el último y no es alguien con quien le gustaría pasar mucho tiempo.

¿Por qué querrías quedarte con alguien que abusa de ti, te insulta y te degrada? Estoy seguro de que no llamarías a esa persona tu amigo. Un verdadero amigo será honesto pero amable, compasivo a pesar de tus fallas y te brindará apoyo cuando estés deprimido.

Cambiar la conversación

Hay otro truco muy simple para lidiar con tu diálogo interno negativo cuando surge y es cambiar lo que se dice.

Encontrarás algunos ejemplos a continuación y puedo decirte que esta es una forma extremadamente efectiva de ganar esa discusión contigo mismo. No solo te sentirás bien después pero estás ayudando a tu cerebro a crear nuevas vías neuronales que te permitan abrazar el amor propio.

. . .

Ejemplo 1

Tu autodiálogo negativo: "¡Soy tan idiota! Le hice un rayón al coche cuando estaba estacionando y ahora está arruinado".

Tu diálogo interno positivo: "No debería haber tratado de estacionar en un lugar tan estrecho. ¡Evitaré hacer lo mismo en el futuro y tener mucho cuidado la próxima vez!

Como puedes ver, no se necesita mucho para convertir esa conversación interna en algo más positivo. Incluso si solo crees a medias lo que dices al principio, sigue repitiéndolo hasta que se convierta en tu nueva realidad.

Practica la autocompasión

La autocompasión no significa sentir lástima por uno mismo y decir pobre de mí. Se trata de ser cariñoso y amoroso, tal como tratarías a tus seres más cercanos y queridos. Imagina lo que le dirías a un buen amigo que está luchando contra la baja autoestima y considera cómo le hablarías. ¿Serías mezquino y duro, o comprensivo y alentador? Esta es la forma en que debes hablarte a ti mismo, con verdadero cuidado y amabilidad.

. . .

Al perdonarte a ti misma por tus errores y deficiencias, fomentarás un aprecio más amoroso por todas tus cualidades y logros.

Las mujeres somos muy buenas para dar y cuidar a los demás, pero a menudo nos olvidamos de cuidar de nosotras mismas. Esto puede escalar fácilmente para ponernos en último lugar o vernos a nosotras mismas como menos que dignas. Si te sientes así, habla con tu mejor amigo, la persona positiva dentro de ti que está esperando para darte toda la fuerza y el apoyo que necesitas.

La autoestima es una semilla que está incrustada en lo más profundo de ti. Solo necesitas regarlo y asegurarte de que reciba suficiente luz solar para crecer y florecer.

Los pasos que debes seguir para pasar de un diálogo interno negativo a un lugar de refuerzo positivo son fáciles de aplicar, una vez que te lo propongas. En el próximo capítulo, quiero hablar sobre las tácticas de autosabotaje que puedes usar sin darte cuenta en el camino para llegar allí. No voy a permitir que te propongas el fracaso, así que ni lo pienses.

Inhala profundamente, exhala y sigue adelante con un corazón valiente y una mente decidida a triunfar. ¡Lo estás haciendo genial!

15

Aprende A Comunicar Tus Sentimientos Desde El Amor

La comunicación es un elemento esencial de toda relación. No es un gran secreto. Lo que no se sabe bien es cómo ser un buen comunicador y cómo se pueden construir buenos patrones de comunicación en tu relación. Hay varios consejos de comunicación disponibles que pueden ayudar tanto en conversaciones difíciles como en la comunicación diaria efectiva.

Aquí hay algunas maneras de comenzar el camino para mejorar su comunicación con tu pareja. Habla más de lo que hablas. Estamos tan ocupados con nuestras propias vidas que no llegamos a hablar mucho con nuestros seres queridos. Usa el tiempo que tienes para conectarte y tómate el tiempo para escuchar realmente. Luego reflexiona sobre lo que escuchaste y usa esa retroalimentación para mejorar la forma en que interactúas con tu pareja a diario.

. . .

La proximidad es clave. Ten la intención de pasar más tiempo en compañía de tu pareja. Este puede ser el momento de una cita nocturna especial o puede significar quedarse en casa para ver la tele y abrazarse.

Pregúntale a tu pareja sobre sus amistades cercanas. ¿Hablan con sus amigos regularmente? ¿Comparten sus sentimientos con esos amigos? ¿Le resulta fácil hablar de sus sentimientos con sus amigos? Una vez que sepas cómo tú pareja está equipada para hacer frente a situaciones difíciles, estarás más preparado para reaccionar ante las más difíciles.

Muestra gratitud. Asegúrate de encontrar formas de expresar gratitud a tu pareja todos los días. ¿Cómo le muestras gratitud a tu pareja? ¿Cómo le haces saber a tu pareja que lo aprecias? Una de mis formas favoritas es dejar pequeñas notas de agradecimiento en el espejo del baño cada mañana mientras me lavo los dientes. A mi esposo siempre le resulta especialmente dulce cuando dejó una nota en su almohada después de llegar a casa del trabajo.

Elige tus palabras con cuidado. Habla en un tono de voz edificante cuando te comuniques con tu pareja. Trata de evitar el uso de la palabra "debería" cuando les hables y en su lugar habla en términos de "yo" y "nosotros". Por ejemplo, en lugar de decir "Creo que deberíamos limpiar la casa este fin de semana", podrías decir "Todos deberíamos entrar en el espíritu de las fiestas y limpiar la casa". Sé flexible.

Estate abierto a las perspectivas y consejos de tu pareja cuando discutan los problemas. Es fácil sentirte frustrado cuando tu pareja no está de acuerdo con tu punto de vista. Esa frustración puede convertirse en una bola de nieve en una discusión. En su lugar, haga un esfuerzo por comprender la opinión desde el punto de vista de otra persona y ve si hay otra manera de conseguir el mismo objetivo.

Abraza el humor. El humor es el antídoto perfecto para la negatividad. Si tratas de señalar algo negativo, no trates de hacerlo positivo, solo menciona lo divertido. Usa el humor para aligerar el estado de ánimo y romper el hielo. A veces, un simple cambio de tono puede marcar la diferencia. Intenta decir "Deberíamos hacerlo de esta manera" en lugar de "Creo que deberíamos hacerlo de esta manera". Por ejemplo, en lugar de decir "No veo la hora de salir esta noche", podrías decir "Tengo muchas ganas de salir esta noche".

Utilizar el lenguaje formal e informal de forma adecuada. Si necesitas comunicarte en un lenguaje más formal, es posible que desees hablar de una manera más formal. Si necesitas comunicarte en un lenguaje más informal, probablemente sea mejor hablar en un lenguaje más informal. Esto ayuda a evitar malentendidos.

. . .

Respetar la libertad de los demás. Una de las peores cosas que puedes hacer es recordarle constantemente a tu pareja lo que puede o no puede hacer. Si tu eres responsable de pagar las cuentas, por ejemplo, trata de no recordarle constantemente a tu pareja que debe pagar las cuentas. Lo último que quiere hacer es crear un ciclo de resentimiento.

Centrarte en la comunicación. Lo más importante que puedes hacer es ser un comunicador activo. Fíjate cuando no estés hablando y haz un esfuerzo por iniciar una conversación. Cuando participes en una conversación con tu pareja, estate completamente presente y usa todo tu cerebro. Date la oportunidad de terminar una oración y hacer preguntas cuando sienta que su pareja está terminando una que debería haber terminado. Comunícate con respeto.

Siempre habla en un tono de voz respetuoso. Ten cuidado de no insultar, quejarse o menospreciar a tu pareja.

Puedes ser solidario de muchas maneras diferentes. Estas son algunas formas en las que puede brindar apoyo: Distingue entre ser útil y ser crítico. A veces es útil ser crítico. Por ejemplo, si tu pareja está cometiendo un error, ese no es el momento de decirle lo que está haciendo mal, sino señalar lo que está haciendo bien. Ayudar con el hogar.

. . .

No hay nada más útil que limpiar la cocina, lavar los platos o hacer alguna otra tarea del hogar. En otras palabras, deja que tu pareja sepa que te preocupas por ella y quieres apoyarla.

EQUILIBRA TU POLARIDAD

Es fácil destrozar tu propio valor, pensando que eres el único al que tienes que complacer. Quizás te preocupa que tu pareja esté buscando a otra persona porque no está contento con la forma en que interactúas. Si ya te estás quejando de no sentirte amado o apreciado, puede ser hora de encontrar un equilibrio.

Haz un inventario de cómo tu y tu pareja interactúan. Si eres más dominante, puede ser el momento de pedir una pareja más amorosa y cariñosa. Si eres más sensible, puede ser hora de dar un paso atrás y permitir que tu pareja se involucre más. Del mismo modo, si siempre has sido celoso, puede ser el momento de suavizar tus críticas y hablar con tu pareja sobre tus inseguridades.

Escribe tres cosas que te gustan de tu pareja. ¿Te hacen sentir seguro y amado? Busca cosas sin las que no pueda vivir y anote estas cualidades como mantras que se repite a sí mismo.

. . .

Es posible que descubras que si le muestras a tu pareja cómo se siente realmente, es posible que comience a mostrarte que también puede mejorar y cambiar. Comienza con cambios pequeños y positivos. En lugar de centrarte en sus defectos, concéntrate en sus aspectos positivos. Toma algunos días implementar el cambio en una relación. Dale tiempo y te sorprenderá gratamente cómo ayuda.

Escribir un diario también puede ayudarte a lidiar con las emociones difíciles que surgen durante el acto amoroso. Tómate unos minutos para escribir las cosas que está pensando o sintiendo mientras trata de llegar a un enfoque que se sienta cómodo y amable. El acto de escribir tus pensamientos te ayudará a mantenerte conectado a tierra y evitará que pierdas los estribos o te arrepientas.

Una de las mejores rutinas de puesta a tierra para una relación es salir a caminar. Reúne a tu pareja, trae tus tazas y su taza de viaje, y camina por un parque local o sendero natural para sintonizar con su cuerpo. Mira alrededor.

Presta atención al viento, a los pájaros y a los insectos que pasan volando. O sal a caminar con tu cachorro. en un parque para perros. Nota todos los maravillosos sonidos y olores. Respira profundamente. Deja que la energía de tu pareja fluya a través de ti. Terminarás la caminata renovado y listo para afrontar el resto del día. Haz esto cada vez que te sientas ansioso o inseguro acerca de tu relación.

Al hacer esto, tu pareja se convierte en un control real de sus miedos y ansiedades. Es como si tu pareja te estableciera un estado de ánimo que te ayude a recordar ser amable contigo mismo y dejar de lado tu autocrítica. Otro ejercicio para ayudar a fortalecer tu relación es establecer una cita nocturna semanal o salir con tu pareja como una cita nocturna. Esto puede ser tan simple como dar un paseo o hacer un picnic. Independientemente de lo que decidas hacer, sentirás una sensación de relajación. Cada vez que salgas, te sentirás un poco más fuerte y más cerca de tu pareja.

Prueba uno o más de ellos y ve lo que piensa. Si tu pareja está abierta a probar una nueva técnica de puesta a tierra, sé amable con él o ella. No todas las técnicas de puesta a tierra son adecuadas para todos. Al igual que no existe una "bala mágica" o una "solución" para un problema, tampoco existe una "mejor manera" de mantenerte conectado con tu pareja. Prueba una, dos o incluso cinco de estas técnicas de conexión a tierra para ver qué funciona para ti y tu pareja.

Un componente clave para mantener una relación es tener una conversación abierta y sin prejuicios sobre lo que está pasando y lo que debe hacerse para resolver sus problemas.

Hablar de los problemas de su relación es el primer paso para abordar los problemas en tu relación que están causando que se sienta desconectado.

Ayudarás a tu pareja a ver cómo pueden ayudar a acercarlos el uno al otro y fortalecer su vínculo. Saber qué hacer es la mitad de la batalla; comenzar a resolver sus problemas es la otra mitad. Los talleres y la terapia de la "media naranja" son lugares maravillosos para obtener apoyo y ayuda con los problemas de su relación.

Sonrían el uno al otro y estén agradecidos por el día. Mientras inhalas, comienza pensando en algo por lo que estés agradecido con tu pareja, tu salud, tu familia, etc.

Siente ese aliento entrar y llénate de calor. Continúa respirando en tu cuerpo mientras cierras los ojos. Sonríe, siente gratitud y libera cualquier dolor que te esté molestando. Abre los ojos y da tus primeros pasos hacia adelante.

La próxima vez que tu pareja esté irritada o exhausta, ofrécele ayuda con algo. Hazles saber que no puedes imaginar por lo que están pasando cuando ya están en la cama porque trabajan hasta tarde o cuidan a un niño enfermo. Esto les recordará que eres feliz y que estás dispuesto a hacer cualquier cosa por ellos. Expresa tu gratitud diciendo: "¡Gracias por tener tiempo para ayudarme esta noche!" Esto le dará a tu pareja un impulso muy necesario.

. . .

Al hacer esto, te estás tomando el tiempo para conectarte con tu pareja y le estás haciendo saber a tu mente subconsciente que están juntos en esto. Aunque es posible que no te sientas como tú mismo en tu relación, hay una razón por la que estás allí con esta persona, y no es solo porque la relación se siente bien. Es porque es bueno para ti. Está destinado a ser una relación de dos vías. Esto significa que es bueno que te sientas bien, y también es bueno que tu pareja se sienta bien. No se trata de estar en una relación para ser el amor de tu vida o encontrar a la persona perfecta para estar contigo para siempre, aunque eso es genial. Hay muchos beneficios de tener una relación positiva con tu pareja, así que no tengas miedo de estar ahí en el momento presente y pasa el tiempo que tienen juntos recordando los días previos a tu relación.

Conclusión

Lo que queremos lograr con este libro, es darte una pequeña guía y darte diferentes consejos sobre diferentes temas para poder encontrar un amor del bueno, al que tanto has estado buscando.

Los hombres son criaturas sencillas que sólo quieren un par de cosas en la vida. Un buen trabajo que lo hará sentir exitoso y realizado, y una mujer que aprecia y admira.

Amarnos. Aprecianos. Danos tu aprobación. Haznos felices.

Se necesita muy poco para hacernos sentir como el hombre más afortunado del mundo. Según lo que hemos discutido, cuando veas a un hombre con el que te gusta salir, dale señales de que estás interesado. Sonríele. Ponte en su radar.

Prueba las actividades que le gustan. Hazle saber que si estás interesada, no lo rechazarás.

Conclusión

Entonces, si te invita a salir, no hables solo de ti. Las citas son una forma de que ustedes dos se conozcan. Que sea una experiencia divertida y placentera. No hables sólo de ti mismo y evita temas controvertidos que puedan iniciar un debate. Mantenlo ligero. Diviértete. Convéncelo de que eres la mujer que busca y su búsqueda habrá terminado.

Cuando estés listo para llevarlo al siguiente nivel y ser más íntimo, seducelo de manera sutil. Utilice su lenguaje corporal. Dale señales de que está bien que te bese si quiere. Que tú también quieres besarlo. Díselo con tus ojos, tus labios y tu tacto y comprueba si él también está preparado para ello.

No seas insistente ni demasiado directo. No a todos los hombres les gustan las mujeres agresivas. Déle señales y déjele dar el siguiente paso. Cuando te hayas enamorado de él, díselo sin palabras. Haz que él también se enamore de ti.

Muéstrale tu mejor lado. Aprecia su masculinidad y hazle saber que lo admiras. Respeta sus opiniones y de vez en cuando déjalo sentir como el héroe que quiere ser.

Si retrocede, dale espacio, pero asegúrale que estás ahí. No se puede obligar a un hombre a enamorarse y entregar su corazón si no está preparado.

Y cuando finalmente se rinda, ámalo con todo tu corazón y descubrirás que él te devolverá tu amor mil veces más.

Las relaciones pasadas que fracasaron pueden hacerte dudar de que exista un hombre así, alguien que lo será todo.

www.ingramcontent.com/pod-product-compliance
Lightning Source LLC
Chambersburg PA
CBHW072159070526
44585CB00015B/1212